日本の著作権は
なぜこんなに厳しいのか

Yamada Shoji
山田奨治

人文書院

目次

日本の著作権はなぜこんなに厳しいのか

第1章　パクリはミカエルの天秤を傾けるか？

進む厳罰化

日本の著作権法では、権利者を保護するための厳罰化や保護期間の延長、違法とされることがらの増加が、とくに一九九〇年代以後、ひどく進んでいる。ところが、日本国民の多くは、法律の変化やその背後に働いている力学には、残念ながら無関心である。著作権のこととなると、マスコミや出版界では「専門的過ぎる」と敬遠される傾向がある。そういった一般的なイメージとは裏腹に、著作権法が定めることは、わたしたちの日常生活の隅々にまで深くかかわり、それを規制している。デジタル機器とインターネットが普及してからは、わたしたちと著作権法とのかかわりは、いっそう深くなっている。

著作権とはそれによって利益を得たい権利者や権利の管理者、法律家や文化庁の官僚だけが制定や改正にかかわることで、著作物のユーザーである大部分の国民は、彼らが決めたことにしたがうだけの存在だと思われている。権利者団体のキャンペーンをとおして、「あれも違法です、これも違法です」と知って「へえ、そうだったの?」と驚くだけでよいのだろうか? 法律ができ、変わっていくことにもっと敏感になり、そのプロセスに市民が積極的にかかわることが必要なのではないだろうか? わたしがこの本を書く動機は、その点にある。

二〇〇九年七月、ふたりの男が岡山県警に逮捕された。ふたりは携帯電話の「着うた」を違法に配信する、「着うたキングダム」というサイトを運営する会社の責任者だった。「着うたキングダム」からは、〇五年一二月から〇九年四月までのあいだに、延べ九五万四千曲が、無料でダウンロードされたという。

このニュースは、岡山県警からではなく、日本レコード協会(RIAJ)からプレス発表された。RIAJは、「レコード業界全般の融和協調を図り、優良なレコード(音楽用CD等)の普及、レコード製作者の権利擁護ならびに、レコードの適正利用のための円滑化に努め、日本の音楽文化の発展に寄与すること」を目的とする法人で、「レコード、音楽用CD等の普及促進、需要拡大に関する事業」や「著作権思想の普及に関する事業」「私的録音録画補償金の受領・分配に関する業務」などを行っている。会員社には日本を代表するレコード会社が名前を連ねている。

このニュースは、なぜ逮捕した警察からではなく、RIAJから発表されたのかと、疑問が湧くかもしれない。その理由として、著作権法違反が「親告罪」であることが考えられる。親告罪とは、被害者などからの告訴がなければ公訴(検察が起訴すること)を提起できない罪をいう。

刑法では、過失傷害罪のように犯罪自体が比較的軽いものや、名誉毀損罪や強姦罪のように裁判になると被害者の利益に反することがあるものが親告罪になっている。この事件でも、被害を受けた権利者か、あるいは権利者を会員に持つＲＩＡＪが「着うたキングダム」を警察に告訴したのが、逮捕のきっかけになったとみられる。

ＲＩＡＪでは、「違法な携帯電話向け音楽配信に関するユーザー利用実態調査」を行っていた。二〇〇八年一二月に発表された調査報告書によると、一二―三九歳の携帯電話利用者の、「着うた」違法サイトの利用率は三四・五パーセントで、若い世代ほど多く利用していた。そして違法な「着うた」と「着うたフル」の総ダウンロード数を、年間四億七一四万曲と推定していて、二年前とくらべて約一・四倍になっていた。[1]

この実態調査の結果に、ＲＩＡＪが危機感を持ったことは疑いない。日本音楽著作権協会（ＪＡＳＲＡＣ）が定める音楽使用料規定によると、着信音専用データの利用料は一曲あたり五円になっている。[2]一年で約四億曲が違法にダウンロードされていることは、約二〇億円の収入が権利者から奪われていることになる。もちろん、そのすべてが会員社にわたるべきお金ではないが、ＲＩＡＪが行動を起こす理由として、じゅうぶんな規模の被害額である。

（1） http://www.riaj.or.jp/report/mobile/pdf/081224.pdf（二〇一一年六月一日確認、以下同様）
（2） http://www.jasrac.or.jp/network/side/hayami.html

さて、ここには日本の著作権業界を支配する第一の傾向、「被害の過大な見積もり」がみられる。それはいったい、どういうことだろうか?

「着うた」違法サイトは無料サービスである。身銭を切って買うつもりのない曲でも、タダとあればいくらでもダウンロードする。親からのお小遣いやアルバイト収入しかない一〇代の若者が、違法サイトを利用するのもわからなくはない。彼らは最新の音楽情報に敏感だから、新曲をまずは自分の携帯に入れてみる。そして何度か使ってみて気に入らなければ、もう使わないか、あるいはデータを消去するだろう。無料ならば、こういう「お試し利用」を際限なくできる。一年で約四億曲という違法ダウンロードのかなりの部分は、こういった「お試し利用」だとみるべきだろう。

ＲＩＡＪの調査対象である一二—三九歳の二〇〇八年の推定人口は、約四三〇〇万人である。その全員が携帯電話を持っていたとして、一年でひとりあたり約九・五曲の「着うた」や「着うたフル」を違法サイトからダウンロードしたことを、ＲＩＡＪの調査結果は示している。これを多いとみるか、少ないとみるかは、意見のわかれるところだろう。しかし、この数字には違法サイト愛用者の一部による、大量の「お試し利用」が含まれていると考えなければならない。世の中に合法の有料サイトしかなかったとしたら、これとおなじ数のダウンロードがあったはずはない。だが、ＲＩＡＪの調査結果は、違法サイトを撲滅すれば、一年で約四億曲の有料利用が見込めるかのような印象を与えている。それは「被害の過大な見積もり」である。

話を「着うたキングダム」のことに戻そう。逮捕されたふたりの男の裁判は、岡山地方裁判所で進められ、二〇〇九年一二月一六日に判決が下された。ひとりには懲役二年（執行猶予三年）罰金四〇〇万円、もうひとりには懲役一年六ヶ月（執行猶予三年）罰金二五〇万円の有罪判決が下った。また、ふたりの男が役員を務める三社に対しても、それぞれ八〇〇万円の罰金が科せられた。罰金総額が三千万円を超えるという、著作権侵害事件の刑事罰としてはそれまでで最高級に重い判決だった。(3) ただし、民事の損害賠償については、すでに示談が成立していた。

このふたりの男に科せられた刑事罰の重さは、どの程度のものなのだろうか？ ここでほんの少し、数字遊びをしてみよう。ふたり合わせて三年半の懲役と六年の執行猶予期間を、違法にダウンロードされたという九五万四千曲で割ると、一曲あたり約二分の懲役、約三・三分の執行猶予になる。違法ダウンロードされた楽曲データは、三〇秒程度の「着うた」と全曲入った「着うたフル」が入り交じっていたとするならば、ふたりが手分けをして九五万四千曲を一日二四時間聴きつづければ、ちょうど懲役か執行猶予かの期間が終わることになる。罪の重さを知る刑罰としては、妥当な水準だろう。また、ふたりの男とみっつの法人に科せられた罰金の総額にあたる三〇五〇万円を九五万四千曲で割れば、一曲あたり約三二円の罰金になる。この金額は、一曲入

(3) 一個人への刑事罰としては、「着うた」違法配信サイト「第③世界」の主犯格に対する二〇〇九年二月に京都地方裁判所判決で出された、懲役三年執行猶予五年罰金五〇〇万円のほうが重い。

り千円のシングルCDを販売したときに、ＪＡＳＲＡＣに支払う一曲あたりの楽曲使用料の約三一円と釣り合う。ふたりの男がＪＡＳＲＡＣの利用規程にしたがっていれば、着信音専用データの利用料金である一曲あたり五円で済んだ可能性があった。損害賠償に加えて約三千万円という罰金額は、この種の犯罪は割が合わないことを思い知らせるのに、効果的だといえそうだ。

「着うたキングダム」への岡山地方裁判所の判決には、ふたつの注目すべき点がある。第一は一個人に対して四〇〇万円、一法人に対して八〇〇万円という罰金額、第二は懲役という「自由刑」と、罰金という「財産刑」とが「併科」されている点である。

二〇〇〇年一二月三一日まで、著作権法違反をした法人への最高刑事罰は、「三百万円以下の罰金」で、個人への財産刑と金額の違いはなかった。それが〇一年一月一日からは「一億円以下の罰金」になっていた。個人への最高刑事罰では、〇四年一二月三一日までは、「三年以下の懲役又は三百万円以下の罰金」だったのが、〇五年一月一日からは、「五年以下の懲役若《も》しくは五百万円以下の罰金に処し、又はこれを併科する」に変わった。つまり、「着うたキングダム」判決にあるような多額の罰金や、自由刑と財産刑の併科は、〇五年から可能になった刑罰なのだ。

二〇〇五年一月一日施行の改正著作権法では、法人への罰金額の最高が一億五千万円に引き上げられた。さらに〇七年七月一日からは、個人に対しては「十年以下の懲役若しくは千万円以下の罰金に処し、又はこれを併科する」に変わり、法人の罰金額の最高が三億円に引き上げられた。このように、著作権法の罰則は、つぎつぎと厳しくなっていったのだ。

著作権法が定めていること

法律は大きくわけると、国や地方公共団体の権限や国と個人の関係を定める「公法」と、私人間の権利関係を規定する「私法」にわかれる。代表的な公法には憲法が、私法を代表するものに民法がある。また法律は「一般法」と「特別法」というわけかたもできる。一般法は、ひとや場所・事項に制限なく広く適用される法律で、憲法、刑法、民法などがそれにあたる。一般法の反対が特別法で、こちらは特定のことがらについて適用される。特別法には商法、少年法などがある。また特別法は一般法を上書きする法律なので、特別法に取り決めがあることは、一般法の規定によらず前者の条文が優先する。

著作権法は、私法であり民法の特別法にあたるとされる。したがって、著作権法に規定のあることは民法に優先するが、損害賠償請求の時効のことなど著作権法に規定がないことは民法の定めにしたがう。だが著作権法は民法の特別法だとはいっても、「着うたキングダム事件」の例でみたように、違反者に刑事罰を科すことができる。著作権法は民法の枠組みを越える性質もあるのだ。

では、著作権法は具体的にどんなことを定めているのだろうか？　詳しいことは著作権法の解説書に譲ることにして、ここではわたしたちの生活と関係の深い部分を中心に概略を記すに留める。

現在の著作権法は、明治時代の旧著作権法（一八九九年制定）を一九七〇年に全面的に改正してできたものである。その目的は第一条に明確に定められている。

この法律は、著作物並びに実演、レコード、放送及び有線放送に関し著作者の権利及びこれに隣接する権利を定め、これらの文化的所産の公正な利用に留意しつつ、著作者等の権利の保護を図り、もつて文化の発展に寄与することを目的とする。

短い条文ではあるが、ここにはさまざまな含意が読み取れる。まずこの法律の対象は、「著作物」についての「著作者の権利」と、「実演、レコード、放送及び有線放送」についての著作権に「隣接する権利」なのだという。「著作物」と「実演、レコード、放送及び有線放送」の扱いがわかれている点に留意したい。「実演、レコード、放送及び有線放送」が特別扱いされていることから、法制定時にどのような団体から働きかけがあったかが読み取れる。それと同時に、「レコード」「有線放送」といった時代を感じさせる単語が、デジタルの時代に生き残っていることからは、技術が進歩しているなかで、法律の抜本的な改正がなされてこなかったこともわかる。

第一条の残りの部分は、後ろから読むと理解しやすい。著作権法の目的は「文化の発展に寄与すること」にある。そしてそれは、「著作権者等の権利の保護」を図ることを以て達成できると宣言している。しかしそれには「文化的所産の公正な利用」への留意が必要だとしている。つまり、「著作権者等の権利の保護」と「文化的所産の公正な利用」は、対立する要素を含んでいて、後者に留意していないと前者が強くなり過ぎることがあると認めているのだ。

著作権法の立法者が危惧したこと、つまり「権利の保護」と「公正な利用」の対立、そして前者が後者を凌駕する傾向があることは、本書のなかであきらかにしていきたい。そのまえに、この第一条にもう少しこだわってみよう。

この法律が定めている権利は、「著作者の権利」と「これに隣接する権利」である。「これに隣接する権利」とは具体的には、実演家、レコード製作者、放送事業者、有線放送事業者の権利のことである。ところが第一条の後半には、「著作者等の権利の保護を図り」とある。権利が保護されるのは、「著作者」だけではない。「隣接する権利」の持ち主である実演家、レコード製作者、放送事業者、有線放送事業者のほかに、「著作者」から権利を譲渡された「著作権者」の保護も、ここには含意されている。この「著作者」と「著作権者」の違いは、著作権法を理解するうえで極めて重要なことなので、しっかりと記憶に留めてほしい。

では「著作物」とは何なのだろうか？　その定義は第二条にあり、「思想又は感情を創作的に表現したものであつて、文芸、学術、美術又は音楽の範囲に属するものをいう」と定められている。「著作物」の具体的な例示は、第一〇条にある。

一　小説、脚本、論文、講演その他の言語の著作物

二　音楽の著作物
三　舞踊又は無言劇の著作物
四　絵画、版画、彫刻その他の美術の著作物
五　建築の著作物
六　地図又は学術的な性質を有する図面、図表、模型その他の図形の著作物
七　映画の著作物
八　写真の著作物
九　プログラムの著作物

「著作物」は「文芸、学術、美術又は音楽の範囲に属するもの」だというが、このリストを眺めると、性質の異なるものが紛れ込んでいるのがわかる。それは「プログラムの著作物」で、これが「著作物」に加えられたのは一九八六年からである。コンピュータのプログラムは、第二条の定義にあるような、「思想を創作的に表現したもの」だと認め、それを著作権法による保護の対象にしたのだ。この一九八六年施行改正は、著作権法の幅を広げたことは確かだが、同時にその性質をあいまいにしてしまったという意見も根強い。

人格権と財産権

著作者の権利には、「著作者人格権」と狭義の「著作権」（「著作財産権」ともいう）とがある。

著作者人格権は、日本の著作権法を特徴づける権利で、著作物を公表するか否かを決める「公表権」、著作者名を表示するか否かを決める「氏名表示権」、内容を勝手に改変されない権利である「同一性保持権」のみっつの権利からなる。

著作財産権のほうは、「複製権」「上演権及び演奏権」「上映権」「公衆送信権等」「口述権」「展示権」「頒布権」「譲渡権」「貸与権」「翻訳権、翻案権等」「二次的著作物の利用に関する原著作者の権利」の一一種類の権利がある。

これらのうち著作財産権の要になるのは、複製権である。これを定める第二一条には、「著作者は、その著作物を複製する権利を専有する」とある。ここでいう「複製」には、印刷すること、写真プリントを作ること、複写機にかけること、録音や録画をし、そのコピーを作ることも含まれる。そしてその権利は、著作者が専有する。

インターネットのユーザーにとっては、公衆送信権が大きな意味を持つ。第二三条には、「著作者は、その著作物について、公衆送信（自動公衆送信の場合にあつては、送信可能化を含む。）を行う権利を専有する」とあるのだ。デジタル化された著作物をインターネットにつながったサーバーにアップロードするだけで、「送信可能化」したことになる。それを行う権利を専有するのは著作者であると定められている。公衆送信権は、一九九八年一月施行改正で新たに盛り込まれた、比較的新しい権利である。

著作者人格権は、譲渡することができない。それは著作者についてまわるもので、著作者の死後は遺族がそれを引き継ぐ。しかし、著作財産権のほうは譲渡できる。著作者と契約して権利を譲り受けた「著作権者」が、著作者の専有する権利を行使できるのだ。これがいわゆる「著作権ビジネス」を成り立たせている根幹になる。

著作権には制限がある

著作財産権が第一条でいう「権利の保護」の要だとするならば、「公正な利用」を担保するのが第三〇—四七条の「著作権の制限」規定である。これは、著作者等に認められている権利を特定の場合に限って制限すること、つまり権利者が権利を主張できないケースをこと細かに定めている。「私的使用のための複製」「図書館等における複製」「引用」「教科用図書等への掲載」「試験問題への複製等」「営利を目的としない上演等」といった場合に、著作物のユーザーは著作権の制約を逃れることができる。

とりわけ重要なのが、第三〇条の「私的使用のための複製」である。一九七一年に現在の著作権法が施行されたとき、この条文はつぎのようなシンプルなものだった。

著作権の目的となつている著作物は、個人的に又は家庭内その他これに準ずる限られた範囲内において使用することを目的とする場合には、その使用する者が複製することができる。

つまり、ユーザーが個人的に用いる範囲ならば、権利のある著作物でも自由に複製を作ることが許されているのだ。だから、買ってきた音楽CDを家族のためにコピーしてあげるのはかまわない。だが、不特定多数のひとに配るのは違法である。ごく親しい友人に複製CDをあげるのは、許されるかどうか判断が難しい。おそらく配った人数と親しさの程度によるだろう。それが私的使用の範囲かどうかは、個別のケースについて裁判所が判断することになる。もっとも、著作権法違反は親告罪なので、多額の損害賠償を取れそうもないケースについて、権利者が告訴することはないだろう。

著作権法はどう変わってきたのか

著作権法は、文化の発展にとって基本的な法律だといっても、日本国憲法のように変わらないものではない。いやむしろ、たくさんある法律のなかでも頻繁に改正を重ねてきた部類に属するだろう。一九七〇年代から二〇〇〇年代までの著作権法の改正の回数を、一〇年ごとで数えるとつぎのようになる。

年代　　著作権法改正の回数（施行ベース）

一九七〇	一
一九八〇	九
一九九〇	一〇
二〇〇〇	一七

ここでカウントした法改正には、大きな改正も、ほかの法律の改正にともなう小さなものも含んでいる。とはいえ、この数字をみれば、二〇〇〇年代に入ってから著作権法の改正に向けて働く力学が変化したといえそうだ。

では、具体的にどのような改正があったのだろうか。権利の拡大や縮小をともなう「大きな改正」といえるものを、一九九〇年以後について施行年順にあげてみよう。

一九九二年一月　実演家に貸与権を付与。実演家やレコード会社などが持つ著作隣接権の保護期間を、三〇年から五〇年に延長。

一九九二年一二月　私的録音録画補償金の導入。

一九九七年三月　罰金額の引き上げ。写真の著作物の保護期間を公表後五〇年から死後五〇年に延長。

一九九八年一月　公衆送信権、プログラムの送信可能化権の新設。

一九九九年一〇月　技術的保護手段を回避しての私的複製の禁止。
二〇〇〇年一月　上映権を映画以外にも拡大。
二〇〇一年一月　視聴覚障害者の著作物利用に配慮した措置。著作権者等の立証負担の軽減。法人に対する罰金額の引き上げ。
二〇〇二年一〇月　実演家への人格権の付与。
二〇〇三年一月　放送事業者、有線放送事業者への送信可能化権の付与。
二〇〇四年一月　学校等における複製の緩和。映画の著作物の保護期間を公表後五〇年から七〇年に延長。損害額算定規定の拡充。侵害事件の被告が容疑を否認する場合の具体的態様の明示義務。(4)
二〇〇五年一月　商業用レコード逆輸入の禁止。刑事罰の強化。
二〇〇七年七月　放送の同時再送信の円滑化。構内無線ＬＡＮを公衆送信から除外。録音図書の自動公衆送信を許可。特許申請手続き等における複製を許可。機器の保守等における一時的複製の許可。海賊版の輸出、輸出目的での所持の禁止。刑事罰の強化。

（4）　著作権侵害事件の被告は、疑いを「否認」するだけでなく、「積極否認」をしなければならなくなった。「否認」とは、事実はなかったと主張することで、「積極否認」とは、事実がなかったことに理由をつけて主張することをいう。たとえば窃盗について「わたしは盗んでいない」というのは「否認」で、「盗んだのではなく、もらったのだ」というのは「積極否認」になる。

難しいことばが並んでいるが、個々の改正の具体的なことは、その方面の書物を読んでほしい。ここではそれぞれの改正は、誰を利するものなのかだけを考えたい。一九九〇年以後の一連の大きな改正を眺めてみると、権利者以外を利する改正は、二〇〇一年の「視聴覚障害者の著作物利用に配慮した措置」、〇三年の「放送事業者、有線放送事業者への送信可能化権の付与」、〇四年の「学校等における複製の緩和」、〇七年の「放送の同時再送信の円滑化」から「機器の保守等における一時的複製の許可」までの項目である。それら以外はすべて、権利者よりの改正になっている。

権利者を利するという意味では、二〇一〇年一月施行改正で、違法にインターネット配信された音楽や動画を、それと知りながらダウンロードすることが許されなくなった。ただし罰則は適用されない。コンテンツ流通がインターネットに移行しつつあることを考えると、この改正にはユーザーへの縛りをかけて権利者をより強く守る目的がある。ただし、一〇年施行改正ではインターネットをとおした著作物流通を円滑にするための措置や、国会図書館に納められた本をすぐに電子化することを認めるなど、全体としては権利者を利するものばかりではなかったことも付け加えておく。

罪の重さの比較

二〇一一年現在、著作権法違反での個人に対する刑事罰は、最高で「十年以下の懲役若しくは千万円以下の罰金に処し、又はこれを併科する」と定められている。
この規定を正確に解釈するためには、法律用語の「若しくは」と「又は」の使い分けを理解しなければならない。「若しくは」も「又は」も論理結合としては「OR」なのだが、前者よりも後者のほうがより大きな結合関係になる。たとえば「A若しくはB又はC」は、論理的には(（A OR B）OR C）である。したがって、「十年以下の懲役若しくは千万円以下の罰金に処し、又はこれを併科する」は、「十年以下の懲役か千万円以下の罰金のどちらかを科すのだが、懲役と罰金の両方を科すこともある」という意味になる
いっぽう、法人に対しては三億円以下の罰金であり、個人に対する刑事罰と法人に対するそれを同時に科すこともできる。冒頭にあげた「着うたキングダム」事件の場合は、個人と法人の罪が重なって罰金の総額が大きくなったことを思い出してほしい。
ところで、著作権法違反の刑事罰は、ほかの犯罪とくらべてどれくらい重いものなのだろうか？　刑法犯の場合と比較してみよう。

窃盗罪	十年以下の懲役又は五十万円以下の罰金
住居侵入罪	三年以下の懲役又は十万円以下の罰金
公然わいせつ罪	六月以下の懲役若しくは三十万円以下の罰金又は拘留若しくは科料
傷害罪	十五年以下の懲役又は五十万円以下の罰金

さて、みなさんはどう感じただろうか？　著作権法違反の懲役刑は住居侵入や公然わいせつよりも重く、窃盗と同等である。罰金刑はこれらのどの刑法犯よりもはるかに重い。窃盗や住居侵入、公然わいせつは、若気の至りでやってしまうこともあるかもしれないが、そういった犯罪の過去を持つひとは少ないだろう。いっぽう、著作権法違反にあたる行為を一度もしたことがないひとなど、中学生以上ともなれば限りなくゼロに近いのではないだろうか。市民の法意識とじっさいの法律の規定が、大きくずれてしまっているのだ。

権利者側は、市民のこうした「遅れた」法意識を、「啓蒙」によって改善しようと努力している。多くの市民は、権利者が大々的に繰り広げる「啓蒙」キャンペーンによって「えっ、これってこんなに重い罪になるんだ」と驚き、あるひとは悔いあらため、あるひとはそれを気に留めないか、すぐに忘れる。そして一部の市民は、「啓蒙」をしている者たちこそが、厳罰化の推進者たちであることを見透かしている。

では、市民側はどのような態度を取るべきなのだろうか？　法治国家である以上、法を守ることは必要である。しかしそれと同時につぎのようなことを、常に問いつづけるべきである――この法は公平なものか、法を定めた過程に間違いはなかったか、特定の勢力を必要以上に利するものでないかと。

厳罰化の推移

著作権法違反の厳罰化の歴史を、いま一度おさらいしておこう。

いまの著作権法が施行された一九七一年には、個人に対しては「三年以下の懲役又は三十万円以下の罰金」、法人に対しては「三十万円以下の罰金」と定められていた。それが一九八五年には罰金が個人・法人とも一〇〇万円以下に、九七年には三〇〇万円以下になった。二〇〇一年には法人に対しては一億円以下の罰金になり、〇五年には個人に対しては「五年以下の懲役若しくは五百万円以下の罰金に処し、又はこれを併科する」と、懲役と罰金を同時に科すことができるようになった。法人に対する罰金はおなじ年に一億五千万円に引き上げられた。そして〇七年に個人に対しては「十年以下の懲役若しくは千万円以下の罰金、又はこれを併科する」、法人に対しては「三億円以下の罰金」という現在の規定になった。

厳罰化が進んだのは、それぞれに理由があったからだ。ここでは罰金の最高額に着目して、厳罰化の理由と照らし合わせながら考察しよう。

一九八五年の罰金額引き上げは、物価上昇がその理由だった。七一年当時の消費者物価指数は、二〇〇五年を一〇〇とした場合三四・六だったのが、一九八四年には八六・三になっていた。著作権法が施行された時代とくらべて、物価はおよそ二・五倍になっていたのだ。物価が上がったから罰金額も上げるのだという理屈には説得力があった。だが、物価は二・五倍でも、罰金の上げ幅は三・三倍になった。消費者物価指数のほうは、その後の「バブル景気」（一九八六—九一）

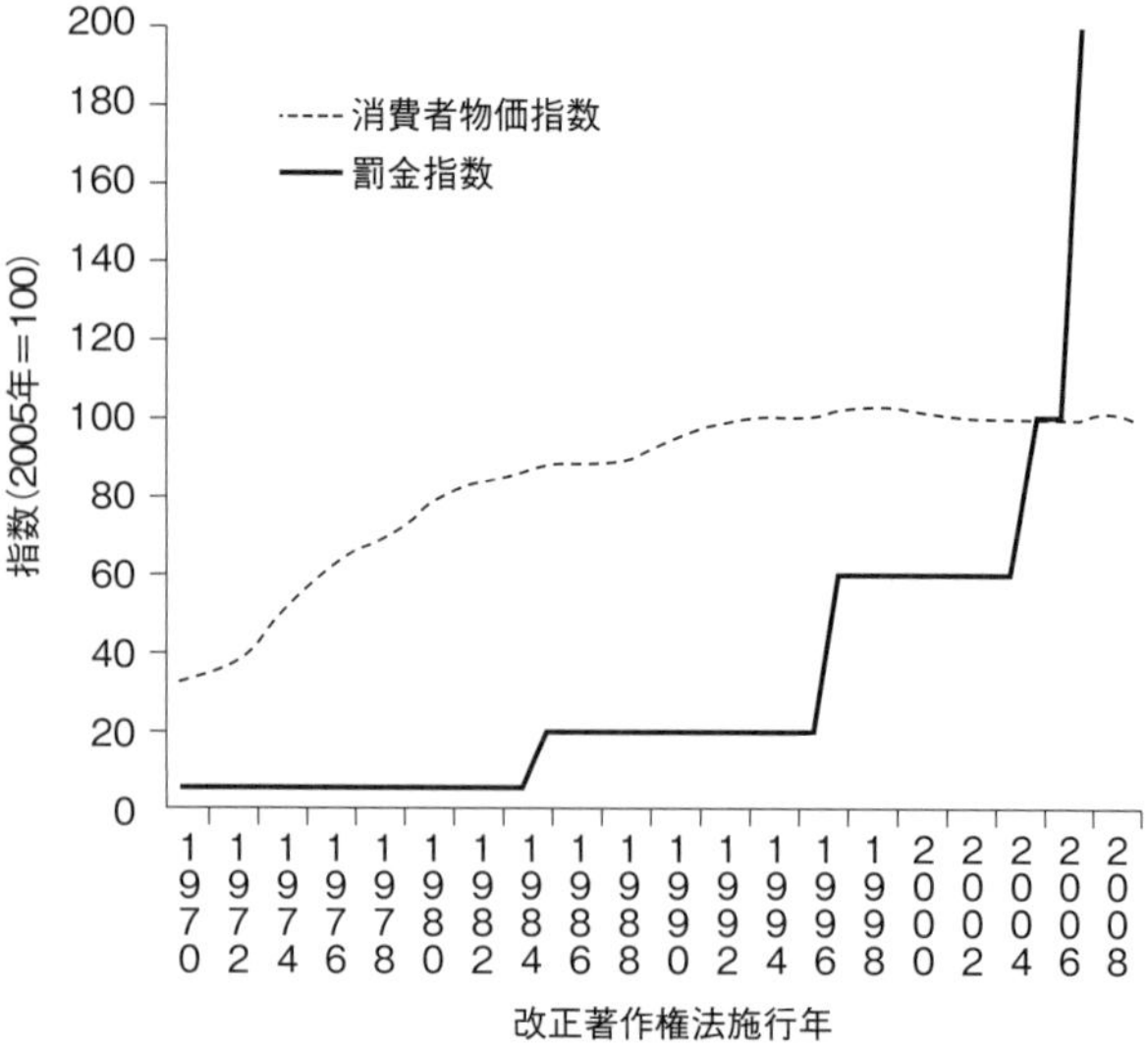

図1·1　個人の著作権法違反に対する最高罰金額と消費者物価

や「いざなみ景気」(二〇〇二—〇七)を経ても、一九七一年の三・三倍に達したことは、二〇一一年のいまに到るまで一度もなかった。

図1・1は、二〇〇五年を一〇〇とした消費者物価指数と、個人の著作権法違反に対する最高罰金額の推移をみたものである。**図1・1**では罰金額のほうも〇五年を一〇〇とした指数であらわしている。物価指数は一九九八年をピークにして減少に転じているいっぽうで、最高罰金額は八五年以後も段階的かつ急速に上昇している。これは八五年以後、物価上昇とはまた異なる理由で、罰金額の上昇圧力がかかったことを示している。

一九九七年になると罰金の最高額は、個人・法人とも三倍の三〇〇万円になった。

その根拠とされたのは、「他の知的所有権法制とのバランス」だった。

ここには日本の著作権業界を支配する、第二の傾向がみられる。それは、「強い保護だけ横並び」にする傾向である。つまり隣の芝生を眺めて、あちらに青い部分があれば、自分の芝生の対応する部分をそれとおなじだけ青くしようとすること、隣よりも青い部分が自分の庭にあったとしても、それをみないでおくことである。

これは日本社会に蔓延する「横並び意識」とは、似ているが少し違う。日本の典型的な「横並び意識」では、比較対象になる属性のうち、ほかと比較して飛び抜けた部分を叩いて頭をそろえるようにする。出過ぎた杭を打つのが日本の「横並び意識」なのだが、知財の世界では出過ぎた杭の頭の高さに、みなをそろえるのが常識のようだ。

特許法や商標法での刑事罰は、「五年以下の懲役又は五十万円以下の罰金」であったものが、一九九四年施行の改正で罰金額が一〇倍の五〇〇万円以下になっていた。実用新案法や意匠法では、「三年以下の懲役又は三十万円以下の罰金」であったものが、おなじ九四年施行改正で、罰金額がやはり一〇倍の三〇〇万円以下になった。不正競争防止法では、「三年以下の懲役又は五十万円以下の罰金」であったものが、九四年施行改正で三〇〇万円に引き上げられていた。

一九九四年時点で、知的財産権関係のほかの法律では、著作権法で定める額よりも三—五倍の罰金を科すことができるようになっていた。著作権の権利者団体からみれば、これは「隣の芝生の青い部分」だったのだ。産業や商業を守る特許法や商標法と、文化を守る著作権法の違いなど

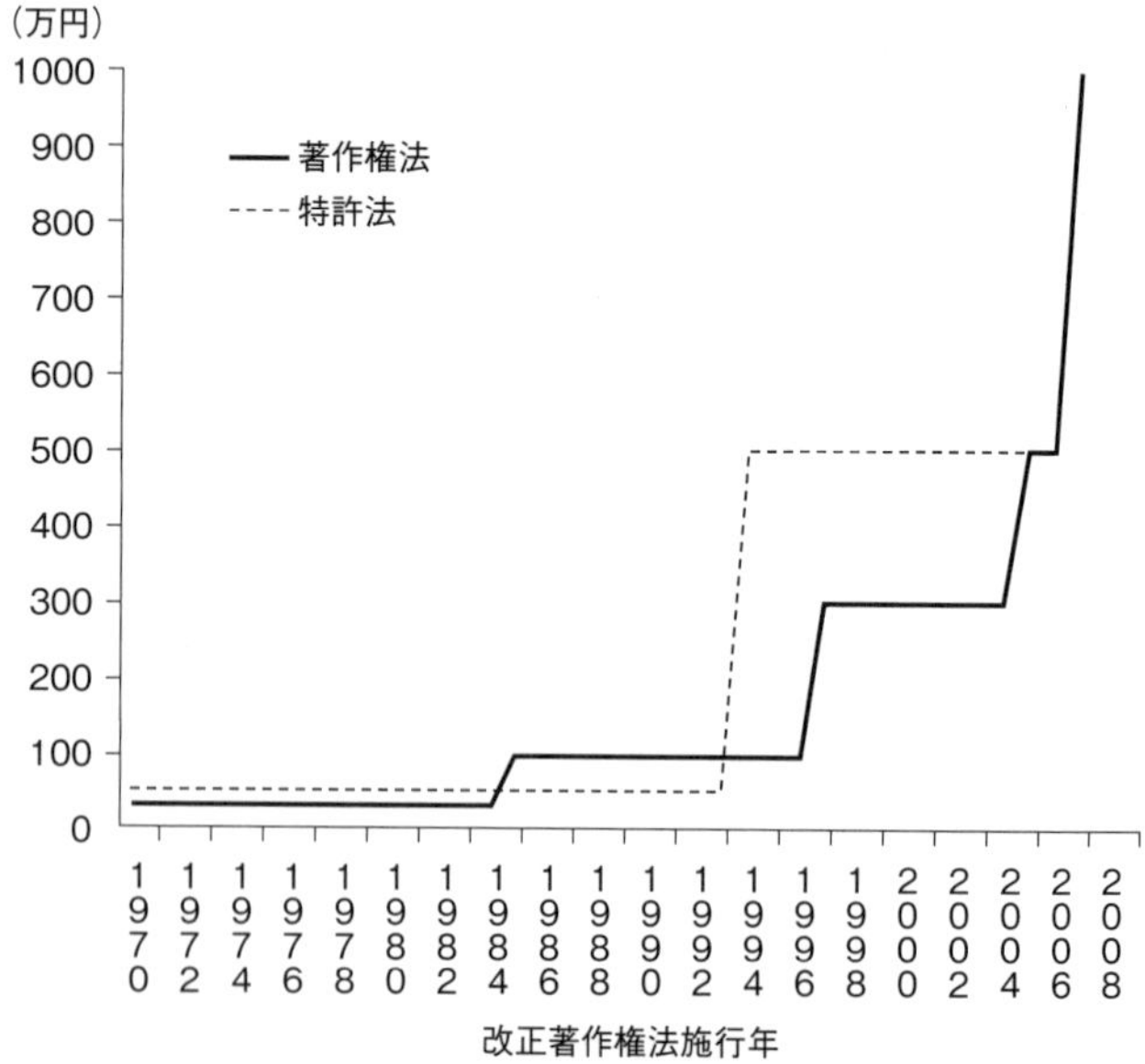

図1·2　個人に対する罰金の最高額の推移

考えることもなく、「強い保護だけ横並び」を求め、実現した。九〇年代なかばには、産業や商業と文化は区別しないものになっていたのだ。

図1・2は、特許法と著作権法とで、個人に対する罰金の最高額の推移を示したものである。この図をみると、「強い保護だけ横並び」意識が歴然とみられる。物価上昇を理由に一九八五年に著作権法の罰金額を引き上げてからの九年間は、個人に対する罰金額の面では、意外なことに著作権は特許よりも強く保護されていた。文化と産業が区別できるとするならば、八〇年代後半から九〇年代前半は、産業よりも文化がより強く保護されていた時代だったともいえる。

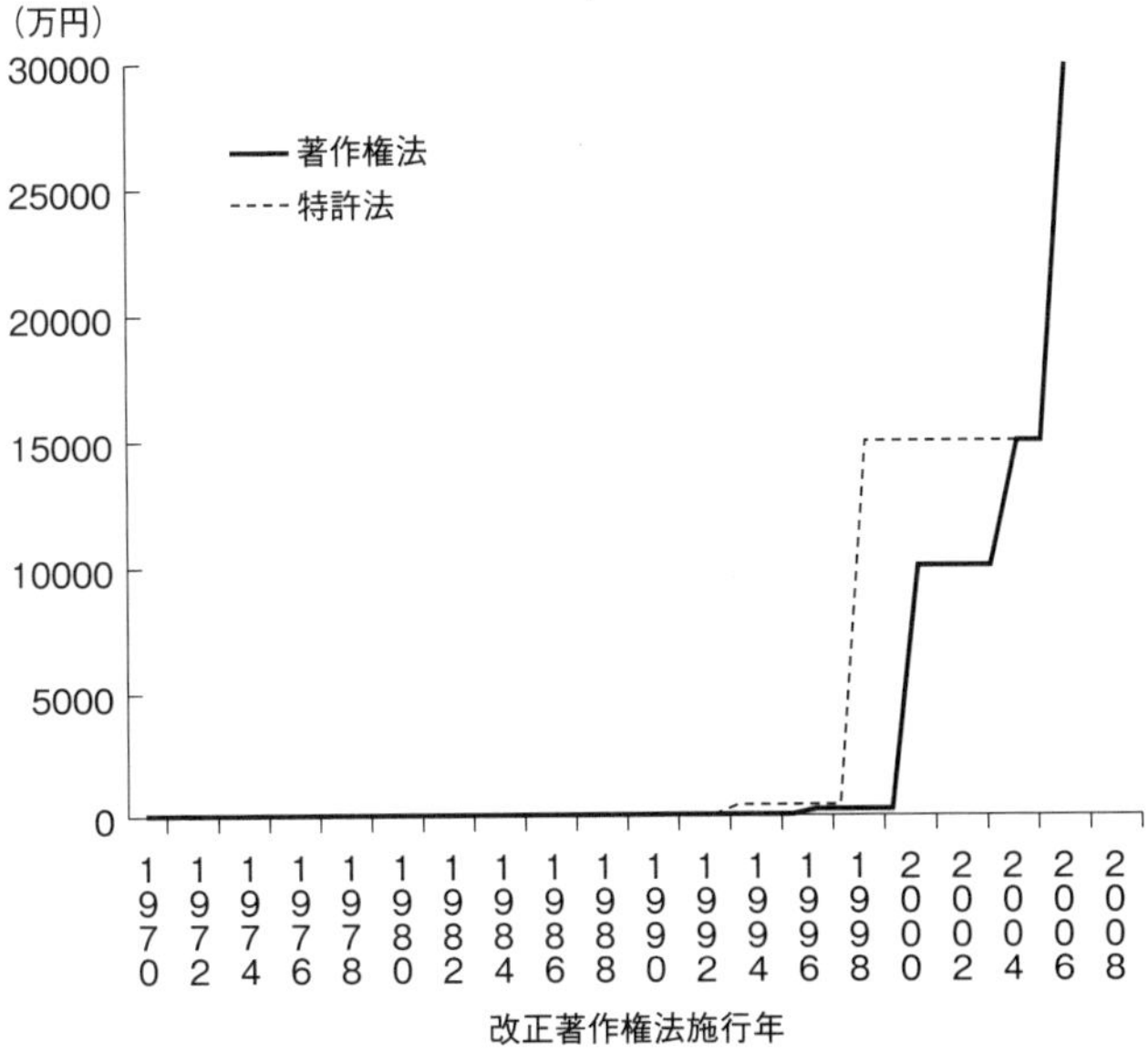

図1·3　法人に対する罰金の最高額の推移

特許法違反の罰金の最高額は、一九九四年に著作権法のそれを軽く追い越した。著作権関係者からみれば「隣の芝生」状況が生まれたわけだ。九七年には罰金を三〇〇万円にできたが、それでも特許法にはおよばない。著作権法が特許法にようやく追いつくことができたのは二〇〇五年で、それ以後は両者の罰金の最高額は等しく推移している。罰金の面からみれば、この年に文化と産業の区別がなくなったことになる。

　法人に対する罰金額の上昇は、個人に対するものとは比較にならないほど激しい。法人への最高罰金額の推移を**図1・3**に示した。著作権法違反では、二〇〇一年にそれまでの三三倍に跳ね上がって、一億円になったことが決定的な変化だった。それまでは罰金額は個人も法人も同額だったのが、法人により重い罰金を科す「法人重課」へと舵を切ったのだ。そうすることが著作権法違反に対する「抑止力」になると、法改正に努力したひとびとは考えた。

特許法ではひとあし早く、一九九九年施行改正で「法人重課」に移行し、その金額は一億五千万円になっていた。ここでも「強い保護だけ横並び」意識が働き、著作権法でも二〇〇一年に法人罰金が最高一億円に、〇五年には一億五千万円、〇七年には特許法と足並みをそろえて三億円になった。かくして、法人に対する著作権法の罰金額は、法律ができてから三六年間で一千倍になった。

窃盗とおなじか

懲役刑の長さは、著作権法が施行された一九七一年から二〇〇四年までは最高で三年だった。それが〇五年には五年に、〇七年には一〇年にまで延ばされた。この懲役刑の厳罰化は、国の主導で行われたとみられる。〇二年に「知的財産戦略会議」(〇三年からは「知的財産戦略本部」)が内閣に置かれ、国の知財戦略を示す「知的財産推進計画」が、〇三年から毎年のように発表されている。その「知的財産推進計画二〇〇三」に、「知的財産権侵害に対する抑止効果を高めるため、各知的財産法相互間や他の経済法との均衡を踏まえ、刑事罰の引上げの要否について検討を行い、二〇〇四年度末までに結論を得る」との文言が盛り込まれた。「知的財産戦略本部」は、内閣総理大臣を本部長に閣僚と一〇名の専門家からなり、「知的財産推進計画」には政権の意向が強く反映される。ここでも「各知的財産法相互間や他の経済法との均衡」という横並び意識があらわれている。特許法違反の懲役刑は、一九六〇年の施行当時から五年だった。そこで著作権法もこれを横並びにする改正法が、二〇〇五年施行された。すると同年の「知的財産推進計画二〇〇五」では、すぐさま文言が修正された。

知的財産権侵害に対する抑止効果を高めるため、知的財産権の侵害に係る刑罰（懲役）の上限を一〇年とすることについて二〇〇五年度から検討し、必要に応じ制度を整備する。

懲役の最高を一〇年とすることが、政治主導でここに明確に示されたのだ。二〇〇六年に開催された知的財産法関係の各種審議会では、おおむねこの方針にしたがって、横並びの厳罰化がなされた。著作権法・特許法・意匠法・商標法・不正競争防止法では個人に対する罰則の最高が懲役一〇年、罰金一千万円に[5]、法人罰則は三億円以下の罰金に統一され、〇七年に施行された。

この改正について、知的財産戦略本部員で法学者の中山信弘（一九四五―）は、『著作権法』（二〇〇七年）のなかで、つぎのように述懐している。

（5） 実用新案法は懲役五年以下、罰金五〇〇万円以下になった。

知的財産権侵害と窃盗の量刑は同程度であるべきであるという意見が強まり、平成一八年改正で罰則が強化され、ほぼ窃盗と同じになった。この改正によりわが国の知的財産権侵害罪は、世界でも最も重罰の規定をもつことになった。今回の改正は、有体物の侵害と情報の侵害との区別の議論を全くしないままに、政治主導でなされたものであり、法改正としては極めて遺憾である。著作権侵害の中には暴力団絡みの悪質な例があり、それらを念頭に改正が行なわれたと考えられるが、著作権は権利の発生、帰属主体、権利範囲が判然としないことが多く、この種の権利侵害に窃盗と同じ重罰を科すことには問題が多い。罰則強化の必要性があるとしても、組織犯罪的なもの、あるいは常習犯的なものに限って強化すべきであったと考えられる。(6)

『著作権法』という本は、知的財産法とりわけ著作権法の日本のオーソリティーである中山が東大を定年になる時期に執筆した、いわば中山著作権法学の集大成であり教科書でもある。温厚な性格で知られる中山がその本に「今回の改正は……政治主導でなされたものであり、法改正としては極めて遺憾である」とまで書いている。著作権侵害を物品の窃盗と同一視することが政治主導でなされたことに対する、中山の怒りがにじみ出ている。

その発生からして知的財産権は、形のない、さわれないものに擬似的な所有権を与えて産業を保護するためのものである。この権利はあくまでモノの所有権に似せて作られた擬似的なもので、おなじではない。したがって、映画を盗み撮りするようなこととモノの窃盗とは、根本的に異なるのだ。

しかし、無断コピーをすることとモノを盗む行為の最高懲役刑がおなじになり、しかも罰金刑は刑法の窃盗罪をはるかに超えて高額になったことで、権利者側は勇気づけられた。無断コピーは窃盗とおなじだ、いや窃盗よりも厳しい刑罰が待っているぞと、違法行為を抑制するためのわかりやすいPR材料を手に入れたのだ。

被害は増えたのか

二〇〇〇年代に厳罰化が進められた理由のひとつには、著作権の侵害事件が増加しているとの主張があった。警察庁は『警察白書』で著作権法侵害事犯の検挙数を発表している。**図1・4**をみると、二〇〇〇年には検挙数が多かったのがいったん下がり、〇二―〇五年にかけては増加傾向がみられる。厳罰化の推進派にとっては、よい証拠が示されたわけである。

じっさい、この統計の二〇〇四年までの部分は、厳罰化を審議していた〇六年三月三〇日の文化審議会著作権分科会法制問題小委員会に資料として提出された[7]。厳罰化は、「知的財産推進計画二〇〇五」でいわば政府の規定方針になっていたのだが、その必要性を補足する資料として文化庁著作権課が提示したのだ。

---

(6) 中山信弘『著作権法』有斐閣、二〇〇七年、五一八―五一九頁。

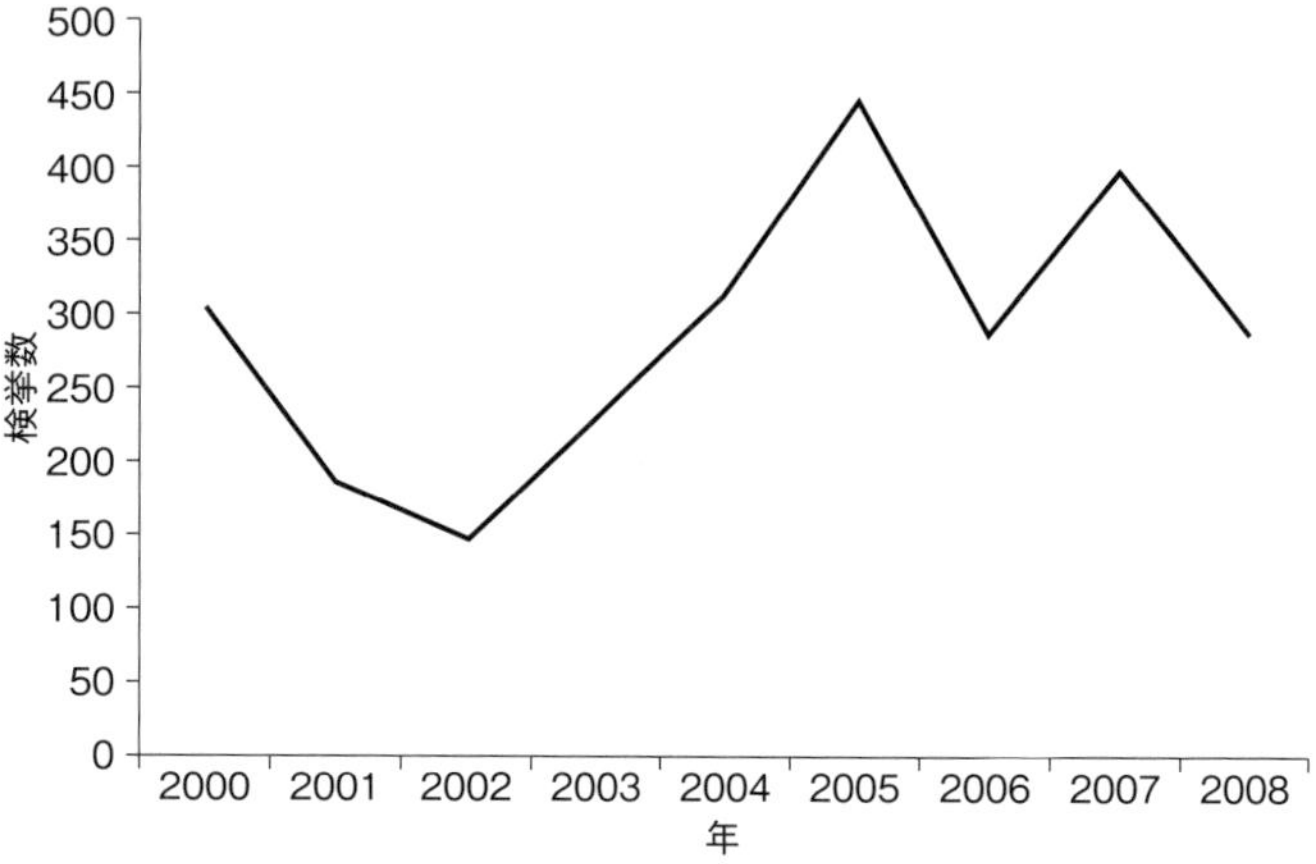

図1·4　著作権法侵害事犯の検挙数

ところが、この数字にはからくりがある。それは、警察庁は二〇〇〇年に「情報セキュリティ政策大系」を、〇四年にはその改訂版を出し、知財侵害事犯の検挙を積極的に進めたふしがあるのだ。これは、自動車の速度違反検挙を意味する「ねずみ取り」や、駐車違反の検挙と似ている。つまり、速度違反や駐車違反は誰もが犯しうる罪であり、警察が取り締まりを行えば行うほど検挙数が増えるのだ。

二〇〇〇年の「情報セキュリティ政策大系」には、「違法・有害コンテンツの把握のためのサイバーパトロールの効果的な推進方策を検討し、警察と民間とが一体となって取り組む[8]」との方針が示されている。また〇四年の改訂版では、各都道府県警察にサイバー犯罪対策プロジェクトを設置することなどが示されている[9]。つまり、警察がいわゆるサイバー犯罪対策に力を入れると発表した時期と、検挙数の増加が連動している[10]。

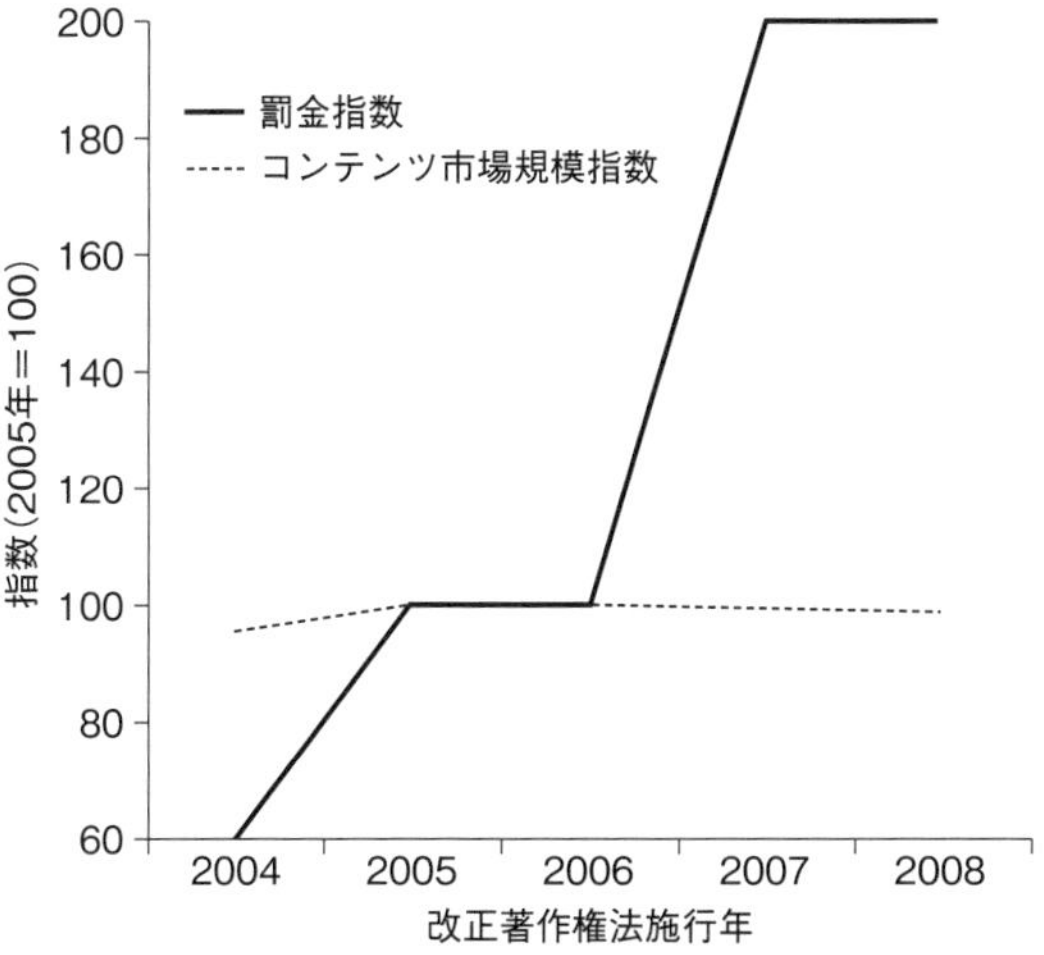

図1·5　個人の著作権法違反に対する最高罰金額とコンテンツ産業市場規模

「情報セキュリティ政策大系」を定めた背景には、「知的財産推進計画二〇〇三」で知的財産侵害事犯への対策を強化することを、首相官邸が警察庁に求めたことにあるとみられる。つまるところ、官邸が示した取り締まり強化策によって増えた数字を使ってさらに罰則を強化するという、知的財産保護の強化サイクルが政治主導で回されたとも読める。

『警察白書』では、著作権法侵害事犯は、二〇〇五年を最高にその後は減少傾向がみられる（**図1・4**）。取り締まりの強化が落ち着いたところで、侵害事犯の検挙数も落ち着いたのだと読むのは、邪推が過ぎるだろうか。

では、侵害事犯が増えているからではなく、コンテンツ産業そのものが大きくなっていて、著作権法で守るべきものが増えているから罰則を強化するのだという論理は成り立つだろうか。**図1・5**は、二〇〇九年三月にデジタルコンテンツ協会が発表した、コンテンツ産業の市場規模である。これには映像ソフトの販売、映画興行、テレビ局、音楽関係、ゲームソフト、書籍や新聞など、紙媒体か電子媒体かを問わず、コンテンツ産業のあらゆる業種が含まれている。(11) 〇五年を一〇〇とした指数であらわすならば、コンテンツ産業の市場規模は〇五年がピークで、その後はむしろ縮小に転じている。そのいっぽうで個人に対する最高罰金額の指数は、市場が縮小してもなお倍額に跳ね上がる動きをみせている。つまり、罰金額の増加は市場規模の拡大とは関係がなく、それとは違う原理や理想のもとに進められたことが、はっきりとわかる。

損害額はいくらになるのか

著作権法の二〇〇四年施行改正では、新たな損害額算定制度が導入された。それ以前の法律では、損害額の算定方法に明確な規定がなかったため、個別の判例にゆだねられていた。〇四年からの新たな算定制度では、違法に販売・譲渡・送信された数量に単位数量あたりの利益を乗じたものが、権利者の被害額になった。たとえば、権利者の利益が一枚あたり千円のＤＶＤがあったとして、その海賊版を一枚一〇〇円で千枚売ったとすると、権利者の被害額は、海賊版の売価とは関係なく千円×千枚で一〇〇万円と算定される。

この算定方法は、一九九九年施行の改正特許法ですでに取り入れられていた。著作権法はそれに「横並び」にしただけのことだ。この方法は被害者に救済を与えるという意味では有効だが、被害の実情を正しくあらわす金額にはならない。なぜならば、海賊版の購入者は一枚一〇〇円だからそれを買ったのであって、それが千円以上もしたならば、かなりの割合のひとがＤＶＤの購入をあきらめただろう。ここで確かな数字は、一枚一〇〇円ならば千枚売れたという事実だけである。したがって、権利者の被害額は最低でも一〇〇円×千枚の一〇万円だったことは確かだ。このケースでは確実な被害額と推定額とでは一〇倍の開きが生じる。

海賊版の被害を訴えるとき、権利者は必ずといっていいほど、被害を過大に導くことができるこの種の算定方法を使ってきた。はなはだしい場合には、海賊版の販売数ではなく押収数に実売価格以上の単価を乗じた数字を公表することもある。

二〇〇五年一月から〇八年一二月にかけて、コンテンツ海外流通促進機構（ＣＯＤＡ）は、香港・中国・台湾で取り締まり活動を行った。その結果、押収したＤＶＤなどは五一九万五〇五五枚に上り、その総額を六七億五三〇〇万円以上と発表した[12]。アジア諸国で日本の大切なコンテン

（7） http://www.mext.go.jp/b_menu/shingi/bunka/gijiroku/013/06040306/008.htm

（8） https://www.npa.go.jp/cyber/policy/sec_taikei/taikei3.html

（9） http://www.npa.go.jp/cyber/policy/image/2004.pdf

（10） ただ、両「大系」とも、主眼は不正アクセスの取り締まりとサーバーテロ対策に置かれていて、知的財産侵害事犯への対応は「大系」の中心ではない。

（11） http://www.dcaj.org/report/2007/data/dc08_01.pdf

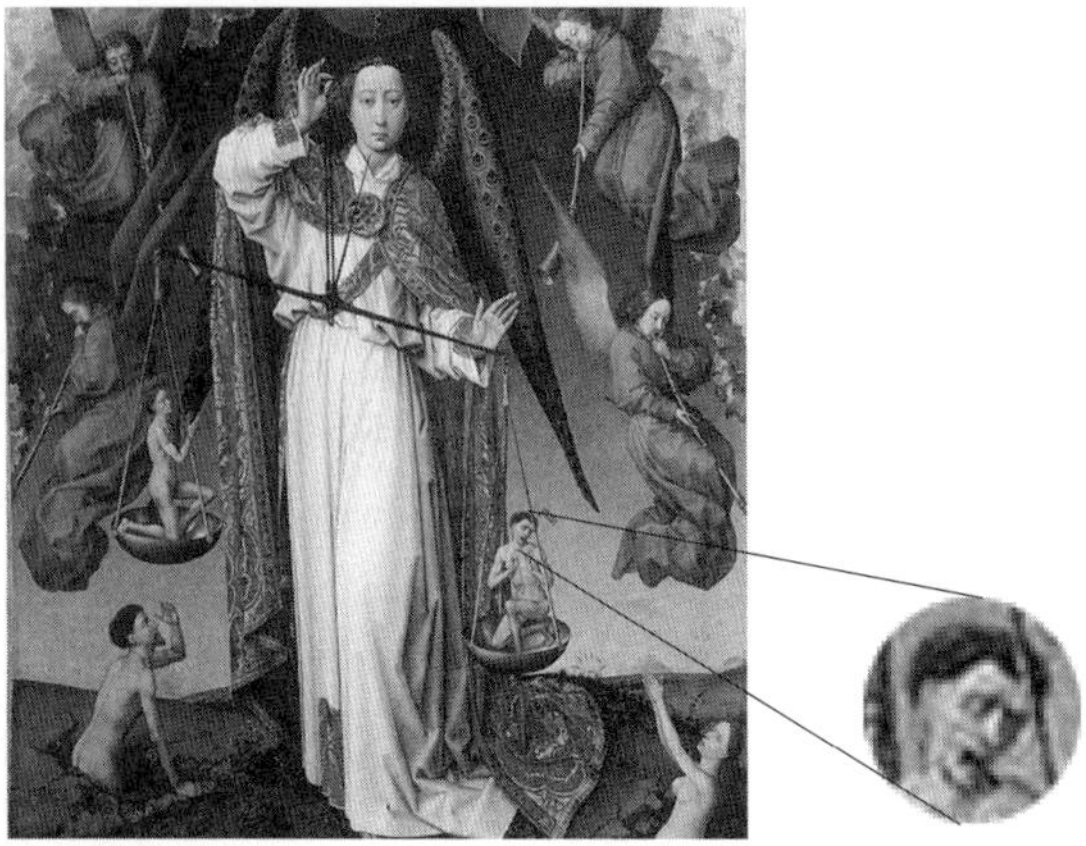

図1·6　ロヒール・ヴァン・デル・ウェイデン「最後の審判」
（ボーヌ施療院所蔵）

ツが違法に流通していることを示すには、説得力のある金額だった。

だが、この数字にはふたつの問題がある。第一に、押収された五一九万五千枚あまりのＤＶＤ等は、まだ販売されていなかったものであり、それらが市場に出ればすべて売れたというものでもない。つまり、五一九万五千枚あまりの海賊版の被害は、ＣＯＤＡの努力によって食い止められたのであって、じっさいには生じていない。だが、海賊版がいったい何枚売れたのかは誰にもわからないこととはいえ、相当な数が出回っていることはまちがいない。たとえそうだとしても、第二の問題が残る。ＣＯＤＡの算出方法によると、海賊版のＤＶＤ等を一枚一三〇〇円と見積もっているのだ。これは同時期にわたしが香港や中国で行っていたフィールド調査でつかんでいた海賊版ＤＶＤの市場価格の一〇倍以上にあたる。かりに押収されたＤＶＤ等がすべて販売されていたとしても、その被害額は六七億五三〇〇万円以上ではなく六億七五三〇万円以下である。

海賊版の被害額を算出するさいに、このように単価を過大に設定するのは、何もＣＯＤＡに限ったことではない。現実離れした単価設定は、権利者側が行う調査によくみられることだ。この種の数字をみせられたときに、算出のからくりと世論誘導の意図をかんたんに見透かすくらいのリテラシーを、わたしたちは身につけていなければならない。

大天使ミカエルの天秤

著作権法違反の厳罰化に焦点を絞ったこの第一章を閉じるにあたり、ひとつの祭壇画をみておこう。**図１・６**は、「最後の審判」の日の「大天使ミカエル」の姿を、一五世紀のオランダの画家ロヒール・ヴァン・デル・ウェイデン（一三九九頃―一四六四）が描いたものである。キリスト教では、「最後の審判」の日に天使がラッパを吹き鳴らすと、死者の魂が柩《ひつぎ》のなかからよみがえるといわれている。よみがえった魂が持つ罪の軽重は、大天使ミカエルの天秤で量られる。向かって右側の皿に載せられ天秤が傾いた魂は、重い罪を犯した者として地獄へ送られるという。

著作権法違反の罪の重さを量る天秤は、わたしたちの知らないあいだに、ずいぶんと傾きやす

（12） http://www.coda-cj.jp/cj_seika.html

いものに取り替えられたようだ。その事実を知らないでいると、わたしたちは「最後の審判」の日に、ウェイデンが描いた亡者の表情のように、「なぜなんだ⁉」という思いで地獄へと送られることになるだろう。

だが、わたしたちにもできることはある。それは天秤がいま以上に傾きやすいものに取り替えられることのないよう、いや、せめてわたしたちの知らないあいだに取り替えられていることのないよう、注意を払うことだ。

第2章　それは権利の侵害です⁉

ひこにゃん騒動

著作権の侵害は、悪意を持った第三者が利益を得ようとしたときだけに起きるのではない。ときには著作物を創作した者が、権利侵害の張本人になってしまうこともある。それまでは認められていた複製行為が、新しい法律や法改正によって知らないあいだに、ある日とつぜん、違法行為に変わってしまっていることさえある。また、業界が団結して著作権運動をはじめた結果、著作物の二次使用が著しく困難になってしまうことや、「文化の発展に寄与すること」という本来の目的を離れて著作権侵害罪が使われることもある。これらについて、キャラクター商品やマンガ・アニメ、映画、ＣＭの著作権などを題材にして紹介していこう。

滋賀県彦根市に人気のキャラクターがいる。彦根藩の二代目藩主の命を落雷から守ったという伝説の白猫にちなんだもので、名前を「ひこにゃん」という。二〇〇七年にあった「国宝・彦根城築城四〇〇年祭」のマスコット・キャラクターに採用され、その愛くるしい姿からいちやく全国的な人気を得た。そして、いわゆる「ゆるキャラ」ブームの火つけ役になった。

二〇〇九年に彦根市内の土産物店へ行ったとき、「ひこにゃん」とそっくりな姿をした、「ひこねのよいにゃんこ」というキャラクター・グッズが、ホンモノの「ひこにゃん」グッズとともに売られていた。「ひこにゃん」を愛する多くのひとびとは、「よいにゃんこ」を「バッタもの」とみて、遠ざけているようだった。わたしが彦根市で調査したさいにも、若いカップルが一度は「よいにゃんこ」を買おうとして、やがて「ひこにゃん」との違いに気づいた。彼らは「あぶない、あぶない」といいながら、「よいにゃんこ」を棚へ戻していた。

「よいにゃんこ」は、観光地でよく売られているような「ピカチュウ」や「ミッキーマウス」をあしらったTシャツとおなじ、「バッタもの」ではない。「ひこにゃん」と「ひこねのよいにゃんこ」の微笑みの裏には、複雑な背景が隠されている。

それというのも、「ひこにゃん」も「ひこねのよいにゃんこ」も、デザインしたのはおなじ人物である。「ひこにゃん」のデザイナーが、「ひこにゃん」に似ているが名前が違うキャラクターとして生み出したのが「よいにゃんこ」なのだ。だから、似ていて当然である。「よいにゃんこ」は、原作者自身が作り出した「バッタもの」なのだ（**図2・1**）。

原作者が「バッタもの」を作る――この奇怪な現象を説明するには、やや長い説明がいる。「国宝・彦根城築城四〇〇年祭」にあたって、同祭典の実行委員会はマスコット・キャラクター

図2·1 「ひこにゃん」(左)と「ひこねのよいにゃんこ」(右)のストラップ

図2·2 「ひこにゃん」の3ポーズ
(彦根市のウェブサイトより。アドレスは注14参照)

を公募した。審査を経て採用されたのが、大阪府出身のイラストレーター「もへろん」が描いた白猫のイラストだった。マスコットの名称は別に公募され、「ひこにゃん」に決まった。実行委員会は、イラストの著作権を原作者と彼が所属するデザイン会社から買い取り、地元の企業には商用であっても使用料を取らないで使わせていた。

「ひこにゃん」は着ぐるみになり、彼(彼女?)があらわれる場所にはいつも黒山のひとだかりができた。平面のイラストだけでなく、立体物であるぬいぐるみが商品化され、それにともなって原画のイラストにない背部が創作され、尾がつけられた。地元特産の近江牛の宣伝のため、「ひこにゃんは、お肉がすき」などの、原作者の考えにはなかった性格づけが、実行委員会によってなされたりもした。

「国宝・彦根城築城四〇〇年祭」が終わった二〇〇七年一一月、原作者の「もへろん」と彼が所属する会社は、著作権を引き継いだ彦根市が「ひこにゃん」を使用しないよう、彦根簡易裁判所に訴えた。人気者の「ひこにゃん」を、彦根市は祭典後も活用しようとしていたのだ。「ひこにゃん」に勝手な性格づけがされたせいで、著作者人格権のうちの同一性保持権が侵害されたと、「もへろん」側は主張した。

この争いは、同年一二月一四日に民事調停が成立した。「築城四〇〇年祭」でのキャラクター公募のさいに、「もへろん」がイラストに描いていた「ひこにゃん」の三ポーズ、「座る」「はねる」「刀をかざす」（**図2・2**）の著作権を実行委員会があらためて買い取ることになった。そして彦根市はそれを商標として登録した。「もへろん」は絵本に限り「ひこにゃん」の創作をつづけてよいことになった。

これですべてが解決したかというと、そうはならなかった。「もへろん」は「ひこにゃん」に酷似した「ひこねのよいにゃんこ」というキャラクターを創作し、そのグッズの販売をはじめた。それに対して二〇〇九年七月二八日に彦根市は、「よいにゃんこ」グッズが彦根市の著作権と商標権を侵害しているので販売をしないよう、同市内の土産物店などに通知した。当初、土産物店側は彦根市の要請を無視していたが、二〇一〇年九月にわたしが現地を調査したさいには、問題の土産物店から「よいにゃんこ」グッズはなくなっていた。[13]

「ひこにゃん」と「よいにゃんこ」をみわけるのはかんたんだ。「ひこにゃん」には「座る」「はねる」「刀をかざす」の三ポーズとその鏡像反転しかない。しかも、すべてのグッズに彦根市が許諾番号を与え、一枚一円で発行する証紙が貼られている。グッズの製造業者は、商品の価格×予定生産量の三パーセントを使用許諾料として彦根市に支払うことになっている。[14] 当然、それらはコストとして商品価格に転嫁され、最終的にはグッズの購入者が彦根市に対してお金を支払うことになる。それに対して、「よいにゃんこ」にはポーズの制約はない。彦根市の証紙はなく、そのかわりに「Ⓒもへろん」と、どこかに書かれてある。

一時は存続が危ぶまれた「ひこにゃん」であるが、「よいにゃんこ」という「バッタもの」の登場にもかかわらず、不動の人気を保っている。そして、この一連の騒動がマスコミで伝えられることによって、「ひこにゃん」人気に拍車がかかったことも事実である。「ひこにゃん」に便乗した「模倣ゆるキャラ」も登場した。白地にブチの犬に青い兜を被せた唐津市の「唐ワン君」や、兜を被って剣を携えた白猫が地元特産の眼鏡をかけた鯖江市の「さばにゃん」、はては玩具メーカーのサンリオも「ひこにゃん」をあきらかに意識した「ご当地ハローキティ」を出した。もちろんこれらの模倣キャラクターは悪意の「ぱくり」ではなく、「ひこにゃん」へのオマージュというべきものだろう。

（13） 二〇一一年三月、彦根市は「よいにゃんこ」商品の販売差し止めを求めた裁判を起こし、大阪高裁は差し止めの仮処分を決定した。

（14） http://www.city.hikone.shiga.jp/kikakushinkobu/150ht/trademark02.html

原画作者が作る「バッタもの」

原画作者が「バッタもの」の作者にもなってしまう――この構図は名作と呼ばれるマンガやアニメでも起きている。

日本の少女マンガで最高の名作は何かと聞かれたら、一九六〇年代までに生まれた少女マンガファンならば「キャンディ♥キャンディ」（一九七五―七九）を第一にあげるだろう。わたし自身も、この作品が連載されていた当時、姉が購読していた少女マンガ誌「なかよし」で夢中になって読んでいた。

「キャンディ♥キャンディ」はアニメにもなり、韓国で「冬のソナタ」（二〇〇二年）の脚本に影響を与えるほどの力を持ちながら、二〇一一年時点の日本ではコミックを新刊書店で買うことができない。コミックを手に入れたいひとは古書を探すしかないのだが、全九巻そろいで一万円以上の値がついていることもある。専門のマンガ研究者ならばともかく、若い読者が気軽に手を出せる本では、もはやなくなっている。「キャンディ♥キャンディ」は名作にはまちがいないが、コミックが手に入らないという意味で、「不朽の」名作とはいえなくなっている。「キャンディ♥キャンディ」がそうなってしまったことには、「ある事情」がからんでいる。

その「ある事情」とは、マンガ家・いがらしゆみこ（一九五〇―）と原作者・水木杏子（一九四九―）とのあいだで繰り広げられたいくつかの著作権裁判と、それにともなう両者の断絶状態のことである。一連の裁判のなかでいちばん有名なものは、原作者がいるマンガの著作権は誰のものかについて最高裁まで争われたもので、著作権の専門書に必ずといっていいほど紹介されている有名な事件である。

この裁判は、キャンディを描いたリトグラフと絵はがきを、いがらしとフジサンケイアドワークが無断で作成・販売したことをめぐって、マンガのイラストには原作者の著作権がおよぶことを水木が訴えたものだった。一九九九年の東京地裁判決では原告の水木の勝訴、二〇〇〇年の東京高裁では控訴棄却、そして〇一年の最高裁では上告棄却となった。その結果、原作のあるマンガは原作の二次著作物にあたり、マンガにも原作者の著作権がおよぶことが最高裁判例として確立した。

「キャンディ♥キャンディ事件」を受けて、いがらしは水木の承諾なしにキャンディを新たに描いたり、キャンディのキャラクター商品を作ったりすることができなくなった。たとえキャラクターを作画した本人が描いたとしても、それは違法になる。原画を描いた本人が「バッタもの」を作り出すメカニズムが、ここにもみられる。現にいがらしが水木の許諾を得ずに描いたり、商品化にかかわったりしたキャンディやその類似キャラクターは、「キャンディ♥キャンディ事件」ウォッチャーのファンたちから「バッタもの」との非難を受けている。

「キャンディ♥キャンディ」にかんするコミック、アニメの再放送やＤＶＤ、その他の商品の販売は、水木による小説版を除いてストップしたままになっている。いがらし・水木の双方の許諾を得ることが難しいのか、あるいは火中の栗を拾うようなビジネスに手を出すことを業界が敬遠しているのか、真の理由はわからない。しかし、一連の事件によって、「キャンディ♥キャンディ」という名作が市民から遠ざけられてしまったことはまちがいない。

原画作者が「バッタもの」を作るというねじれた事態は、ほかのマンガ・アニメ作品でも起きている。著作権業界で「キャンディ♥キャンディ」事件とおなじくらい有名なものに、アニメ「宇宙戦艦ヤマト」の権利をめぐる一連のトラブルがある。

いま「宇宙戦艦ヤマト」の著作権を持っているのは、プロデューサーだった西崎義展（一九三四―二〇一〇）でも監督をしたマンガ家の松本零士（一九三八―）でもなく、映画配給会社の東北新社である。二〇〇四年にその東北新社は、「宇宙戦艦ヤマト」の著作権が侵害されたとして、パチンコ機器メーカーの三共らを訴えた。三共らは「CRフィーバー大ヤマト」というパチンコ機を製造・販売していた。その機械でプレイしているときに、画面にあらわれるアニメーションは、「宇宙戦艦ヤマト」にそっくりのものだった。一見すると、「大ヤマト」は「宇宙戦艦ヤマト」の「バッタもの」のようにみえてしまう。ところが、「大ヤマト」に原画を提供したのが、本家の「宇宙戦艦ヤマト」を描いた松本零士そのひとだというから驚かされる。

そこにいたった経緯は、やや込み入っている。アニメ「宇宙戦艦ヤマト」は、一九七四年一〇月から翌年三月にかけてテレビ放送された。クレジットは原作・西崎義展、監督・松本零士で、コピーライトは東北新社になっていた。本放送時の視聴率はふるわなかったが、再放送を重ねるたびに人気が急上昇した。「宇宙戦艦ヤマト」はシリーズ化され、映画やテレビで続編が制作されていった。ところが、九七年に西崎は事業がうまくいかなくなり破産し、翌年には覚醒剤等の所持により逮捕され実刑判決を受けた。いっぽう、西崎の破産管財人は「宇宙戦艦ヤマト」シリーズの著作権を東北新社に譲渡した。

西崎が破産・逮捕されたころから、松本は「宇宙戦艦ヤマト」シリーズの著作権は自分にあるとの主張をはじめ、一九九九年には西崎を訴えた。二〇〇二年の一審判決では松本の敗訴となった。松本は控訴したが〇三年に和解し、西崎にシリーズの著作者人格権が、松本に絵画の著作権があることが確定した。そして西崎が「宇宙戦艦ヤマト復活編」(二〇〇九年映画公開)を、松本が「大銀河シリーズ大ヤマト編」(「大ヤマト零号」として二〇〇四年にDVD発売、その後「大YAMATO零号」に改題)を制作することを認め合った。この和解に東北新社は加わっておらず、同社は両新作の許諾を与えてはいないとの立場を取ったが、東北新社は新作の権利まで所有していないとするみかたが有力である。

東北新社は西崎の「ヤマト復活編」の製作委員会に加わったが、松本の「大ヤマト零号」については蚊帳の外に置かれた。そんななか、松本は三共とタイアップして「CRフィーバー大ヤマト」を二〇〇二年に発売し、それを受けて東北新社がパチンコ機・ゲームソフト・アニメの販売者らを著作権侵害で提訴したのだ。

二〇〇六年の一審判決では、「CRフィーバー大ヤマト」は「宇宙戦艦ヤマト」の翻案とは認められなかった。東北新社側は控訴したが〇八年に和解し、三共ら側が東北新社に二億五千万円の和解金を支払うことで決着した。一審で有利な判決を得た三共らがなぜ和解金の支払いに応じたのか、詳しい真相は公表されていない。

「キャンディ♥キャンディ」も「宇宙戦艦ヤマト」も、日本のマンガ・アニメの金字塔ともいえる。これらの作品で、「バッタもの」とみられる商品の製作に原画の作者がかかわることになったのは、著作権という権利の複雑さと奇怪さを象徴している。

映画の「盗撮」はいつから罪になったのか

著作権が複雑なものになっている理由には、それが頻繁に改正されてきたことのほかに、それを上書きする新しい法律が作られたこともある。

二〇〇七年八月よりもまえ、映画館で本編がはじまる直前に必ず流される映像があった。その映像では、女性が黒い涙を流しながら、「映画が盗まれている。感動も盗まれている。大切なものが、穢されていく」というナレーションが被せられていた。映画館で盗み撮りをし、それをもとに海賊版が作られることの不当さを訴えたものだ。「黒い涙」は衝撃的で強い印象を残した。多くの観客は不快に思ったことだろうが、そのような情緒的なメッセージに頼るしか、当時の権利者側には方法がなかった。

しかし、二〇〇七年九月以後、このキャンペーン映像はより直接的で、強いメッセージを伝えるものに変わった。「黒い涙」の女性に代わって、黒背広に黒ネクタイ、白い手袋をはめて、頭部がハンディカムの形をした男のパントマイムが、スクリーンに登場するようになった。そして女性のナレーションと字幕で、つぎのようなことばを伝えた。

劇場内での映画の撮影・録音は犯罪です。法律により一〇年以下の懲役、もしくは一千万円以下の罰金、またはその両方が科せられます。不審な行為を見かけたら劇場スタッフまでお知らせください。ただちに警察へ通報します。NO　MORE　映画泥棒。

二〇一〇年一月以降は、このメッセージにつづいて、「また、不法にアップロードされたものと知りながら、映画や音楽をダウンロードするのも法律違反です」というセリフも付け加えられるようになった。

このように二〇〇七年以後、映画の本編直前に流される映像とナレーションは、より強硬なものに変化していった。その背景には、法律による規制が強くなったことがある。具体的には、〇七年八月三〇日に「映画の盗撮の防止に関する法律」(以後、映画盗撮防止法)が、そして一〇年一月一日にいわゆる「ダウンロード違法化」条項を盛り込んだ改正著作権法が施行されたのだ。

映画盗撮防止法の要点は、著作権法が認める「私的複製」を、一定の条件を満たした映画に限って認めないようにしたことにある。したがって、映画を「盗撮」した者には、著作権法の最高罰である「十年以下の懲役若しくは千万円以下の罰金に処し、又はこれを併科する」の条項が適用されることになる。

映画を盗撮して海賊版を作り、不正に利益を上げる輩を撲滅するためには、これは必要な法律なのだろう。だが、この法律にはふたつの問題がある。ひとつ目は、著作権法では映画館やコンサート会場で、私的な利用のために撮影することは許されていたのに、それが映画に限った特別な法律によって違法になってしまったことである。ふたつ目は、映画館に足を運ぶ国民の全員にかかわる法律が、国民的な議論を呼び起こすことなく、ごく短期間の審議だけで、国民の知らないあいだにできてしまったことにある。

事の発端は、角川ホールディングス会長で日本映像ソフト協会会長だった角川歴彦《つぐひこ》（一九四三—）が、二〇〇六年九月六日に自民党の知的財産戦略調査会で、映画の盗撮を防止する法律の議員立法を求めたことにある。受益業界が政治家に働きかけて制定された法律としては、典型的なものである。当時の調査会長は衆議院議員の甘利明（一九四九—）だった。甘利は同月二六日に発足した安部内閣で経済産業大臣になり、映画盗撮防止法の制定に中心的な役割をはたした。

二〇〇七年一月には日本映像ソフト協会や日本映画製作者連盟などの業界団体が、同法の制定を求める声明を出した。同年五月九日の衆議院経済産業委員会に、法律案は議員立法として提出され、同日中に採決された。そして翌日に衆議院本会議で可決、二三日には参議院でも全会一致で可決され三〇日に公布という、超スピードの審議だった。この間、同法のことがマスコミで話題になることはなく、識者もこの動きには気がつかなかった。

当時の国会の話題といえば、七月の参議院選挙や政治資金問題、憲法改正についての国民投票法案、教育再生法案、社会保険庁の年金記録問題などであった。つまり、社会的に「もっと大きな問題」にまぎれてしまって、映画盗撮防止法は話題にならなかったのだ。

映画盗撮防止法が提案されたときの、衆議院経済産業委員会の議事録をみる限り、審議に費やした時間はそう多くはなかったようだ。しかし、そこには興味深いやりとりがみられる。同法の提案に対して、民主党の川内博史（一九六一―）が質問をした。著作権法が認める私的複製の範囲を狭めるのならば、文化審議会著作権分科会で審議して著作権法を改正するのが通常の手順であるのに、このような特別法で対応することに問題はないのかという質問に対して、政府参考人の吉田大輔（一九五五―）・文化庁長官官房審議官は、「[法案は]妥当なもの」だと「感想」を述べた。経産省がらみの法案に、文化庁としてとくに反対はしないという、「縦割り」構造がみえ隠れする。

法案では高校生が携帯ムービーで映画を一〇秒撮影しただけでも現行犯逮捕され、最高で懲役一〇年、罰金一千万円になることに川内は懸念を示した。それに対して、経産大臣になっていた甘利は、「十秒間撮ったものが作品として流れるとは思えない。ですから、全体の法律構成で、それは当然、そんなところで逮捕したら不当逮捕と言われるに決まっているのであります(15)」と答弁している。つまり、立法の立場からすれば、海賊版流通につながらないような私的複製まで制限するつもりはなかったということだ。

映画盗撮防止法には、いくつもの留保条件がついている。まず、有料上映された映画でなければ「盗撮」にならない。無料上映の映画は対象外である。つぎに、「盗撮」になるのは、著作権法で保護された映画だけである。保護期間が切れたむかしの名画は撮影してもかまわない。さらに、法が禁止する「盗撮」は、最初の有料上映開始日から八ヶ月間だけである。その期間を過ぎた映画を撮っても、やはり「盗撮」にはならない。ただし、有料上映開始日に試写会が含まれるかどうかはあいまいである。

さて、映画館で流れる「盗撮」禁止の啓蒙映像からは、これらの留保条件を読み取ることはできるだろうか？　「劇場内での映画の撮影・録音は犯罪です」と短く断定することで、法律やその立法者が認めている撮影すらも法律違反であるかのような印象を与えている。これは市民に誤解を与えることを意図したメッセージだといわれたら、彼らは弁解できるだろうか？(16)

「盗撮」禁止の実態

ところで、映画館での「盗撮」はどれくらいあり、そこから作成された海賊版はどれくらい出回っているのだろうか？　映画館に三脚を立てて映画を撮影するひとを、わたしはみたことがない。だがそれは、わたしが映画をたくさんはみていないからだろう。「盗撮」をするひとは、なるべく観客の少ない時間帯を選んでいるのかもしれない。映画館でスクリーンをホームビデオで撮影した映像は、ピントが甘くなる、雑音が入るなど、どうしても品質が落ちる。そんな映像でもみたいというひとは、国内の映画ファンには極めて少ないだろう。

そういった映像が消費される可能性があるのは、所得水準の低い発展途上国である。映画盗撮防止法を審議した衆議院経済産業委員会では、政府参考人の肥塚雅博（一九五一―）・経済産業省商務情報政策局長が全米映画協会のデータを示して、海賊版は二〇〇五年で年間約八二〇億円の損害を日本の映画産業に与え、そのうち二〇〇億円は「盗撮」が原因だと答弁している。全米映画協会のデータがどのような根拠ではじき出されたものなのかわからないが、数字の妥当性を独自に検証をした様子はみられない。

さて、日本の映画盗撮防止法の罰則は、外国の同種の法律とくらべてどれくらい厳しいものなのだろうか？　アメリカ連邦法の「ファミリーエンターテインメントと著作権に関する法律」では、初犯で最高三年、再犯で最高六年の懲役刑である。香港では、初犯で最高五〇〇〇香港ドル（約五万円）の罰金、再犯で五万香港ドルの罰金または三ヶ月以下の禁固刑である。[17] それに対して日本法では、初犯でいきなり「十年以下の懲役若しくは千万円以下の罰金に処し、又はこれを併科する」になる。これらを比較する限り、日本法の厳格さは際だっている。

（15）　http://www.shugiin.go.jp/itdb_kaigiroku.nsf/html/kaigiroku/009816620070509010.htm

（16）　公開から四五年を過ぎた名画のリバイバル上映会でも、劇場内での映画の撮影・録音は犯罪だとするPR映像が一律に流されている事実を確認している。

（17）　http://ja.wikipedia.org/wiki/映画の盗撮の防止に関する法律

日本の厳しさは、外国、とくにハリウッドの映画産業に高く評価されている。日本で「盗撮」を取り締まることが、どの国で行うよりも彼らにとって重要なのだ。というのは、最近の大作映画には「世界同時公開」が行われるものがあるからだ。その場合、時差の関係で世界に先駆けて日本で最初に上映されることになる。だからこそ、ハリウッドは日本で「盗撮」を抑止したいのだ。

衆議院経済産業委員会での肥塚の答弁のなかでも、じっさいに「盗撮」ＤＶＤが出回った作品の例として、「ダ・ヴィンチ・コード」（二〇〇六年）、「硫黄島からの手紙」（二〇〇六年）、「ゲド戦記」（二〇〇六年）、「武士の一分」（二〇〇六年）があげられている。これらのうち「ダ・ヴィンチ・コード」は、二〇〇六年五月二〇日に「世界同時公開」されたものだ。映画盗撮防止法は、国内の映画産業を守るだけではなく、日本がハリウッドを守る尖兵になる法律でもある。

映画盗撮防止法の問題は、ほかにもある。映画産業を守るだけのための特別法が、産業界のロビイングでできてしまったことである。ほかの産業からみれば、「どうして映画だけ？」という思いがあるだろう。映画で前例ができてしまった以上、「コンサート録音防止法」や「図書館コピー防止法」「社寺撮影防止法」などといった形で、著作権法を上書きするような特別法が、これから提案されないとも限らない。そうしたときに、映画盗撮防止法を前例とせずに議論することができるのだろうか。

テレビCMと著作権

映画とおなじような映像関係の著作物ではあっても、テレビCMの著作権はとても入り組んでいる。業界が一九七〇年代後半からCMの著作権を主張しはじめたことによって、自らをがんじがらめにしてしまい、映像の二次利用に大きな制約をかける結果を招いてしまったのだ。ある意味では、テレビCMには現代の著作権がかかえる問題が凝縮されているといってもよい。著作権とは何なのか、それを主張する機運はどのようにして生まれるのか、権利によって何を有効に阻止でき、何ができなくなってしまうのかを考えるのに、CMはとてもよい材料を提供してくれる。これからテレビCMの著作権について、少し紙幅を費やしたい。

CMは「映画の著作物」であり、その権利は広告主・制作会社・広告会社の三者が持ち合うことになっている。厳密にいうと、三者が持ち合っているのは映像にかんする権利だけであって、CM音楽はJASRACの管轄になる。さらに、出演しているタレントの肖像権が著作権とは別に存在し、しかも肖像権は主役のタレントだけでなく、背景に映り込んでいる程度の脇役にもある。わずか一五秒の作品のなかにも、いくつもの権利が埋め込まれているのだ。

とはいえ、CM著作権の主なプレイヤーは、広告主・制作会社・広告会社であることにまちがいはない。これら三者の調和を保ちつつ、著作権の管理がなされている。そして、三者の代理としてCMの二次利用などを仲介する組織に、全日本シーエム放送連盟（ACC）のCM情報センターがある。CMをどこかで上映したい場合は、ACCに相談すればこれら三者から許諾を得る手続きを代行してくれる。また許諾手続きを自分で行う場合は、各社の連絡先を教えてくれる。

ＣＭは「映画の著作物」だというが、それは業界がそう主張しているというに過ぎない。すべてのＣＭが「映画」に類するものといえるかどうかは、議論の余地がある。ＣＭは「映画」だというのは、一九七〇年代末に起きたＣＭの著作権運動のなかから生まれた主張である。テレビＣＭが生まれた五三年から、七〇年代後半までの二五年近くのあいだ、ＣＭを著作物だという考えも、そう主張する必要性もなかった。そうした状況を大きく変えたのは、ＣＭ放送の技術革新だった。「ＣＭバンクシステム」というものを導入することを、主要な民放局が発表したのが、そのきっかけだった。

それまで制作会社は、放送回数ぶんのＣＭフィルムのプリントを作って、放送局に納入していた。つまり、一〇回放送するＣＭならば一〇本のプリントを作って、前後のＣＭや番組のフィルムとつないで映像の送出装置にかけていた。制作会社にとってＣＭのプリント制作は、収益のみなもとだったのだ。

「ＣＭバンクシステム」は、ＣＭを放送局内のＶＴＲ装置に蓄え、放送回数ぶんのコピーを放送局内で作るコンピュータ・システムだった。ＣＭ制作会社にとって、それは収益の構造を根底から覆すものだった。「ＣＭバンクシステム」が整備されると、制作会社から放送局に納入するプリントは一本で済んでしまうからだ。

当時、全国ネットで流す一五秒ＣＭの場合で、一万本ものプリントが必要なこともあった。一五秒CMフィルムのプリント費の標準単価は、一九七五年当時で一本あたり三五〇〇円だった。[18]一万本のプリントが必要なCMならば、単純に計算すると、プリント費だけで当時の価格で三五〇〇万円の売上げにつながったことになる。もちろん、これはひとつの基準に過ぎず、激しい競争のなかで大幅な値引きもあったことだろう。そうだとしても、プリント費がCM制作会社にとって「打ち出の小槌[19]」だったことは、まちがいない。

問題の「CMバンクシステム」は、一九七七年一〇月に札幌テレビ放送が導入したのをはじめ、七八年までに全国の主要な民放局一四社が、つぎつぎと導入していった。このシステムを採用する放送局が増えていくなか、七七年には業界全体で七〇億円近くあったプリント売上高が、八三年には三七億円台にまで減ってしまった。CM制作会社としては、そうした変化を静観しているわけにはいかなかった。

そこで関係者が注目したのが、「CMには著作権がある」という、CM業界にはまだ浸透していなかった考え方であった。そして、「CMバンクシステムは、著作権のうちの複製権を侵害している」といいはじめた。「CMバンクシステム」が登場するまでは、CM業界では著作権について真剣に論議されたことはなかった。業界の収益構造を崩すテクノロジーに対抗するための、

(18) 社団法人日本テレビコマーシャル制作者連盟『CM制作40年　JAC40周年記念誌　CM文化をつくりあげたCM制作者たち』宣伝会議、二〇〇二年、四八頁、一〇六頁。
(19) 社団法人日本テレビコマーシャル制作者連盟、前掲書、四六頁。

さしあたっての便利で有効な方法として、ＣＭに対する著作権の主張がはじまったのだ。

ＣＭ業界の団体である全日本ＣＭ協議会（現在のＡＣＣの前身）でも、一九七六年に著作権小委員会が発足し、ＣＭ著作権の本格的な議論がはじまった。困難な議論の末、八〇年に日本テレビコマーシャル制作者連盟（ＪＡＣ）から、「ＣＭ著作権についてのＪＡＣ統一見解」が発表された。そこで最初にうたわれたことは、ＣＭは「映画技法を駆使したもので映画の著作物である」ということだった。この点については、微妙に立場の異なる制作側の三者（広告主・制作会社・広告会社）も、抵抗なく合意できた。

だがＣＭを著作物だというためには、それが「思想又は感情を創作的に表現したもの」でなければならない。また、映画の著作物だというためには、ＣＭは映画のようなストーリー性を備えていなければならない。確かに、ＣＭには短編映画のような構成を持つものが多い。だが、そういうスタイルのものがすべてではない。「今度の土日は〇〇へ！」といった、チラシ的な呼び掛けだけのＣＭも少なくない。草創期のＣＭをみれば、いまでいうテレビショッピング番組のような「生ＣＭ」や、スライド映写のような「カードＣＭ」、画面の下に流れるテロップだけのＣＭが大多数だった。ＣＭは短編映画のようなものだとは、必ずしもいいきれないのだ。それにもかかわらず、どのようなＣＭであっても、まとめて「映画の著作物」だと主張されているのが現状である。

「ＣＭバンクシステム」で失われた制作会社の収益の改善に、著作権の主張は効力を発揮した。

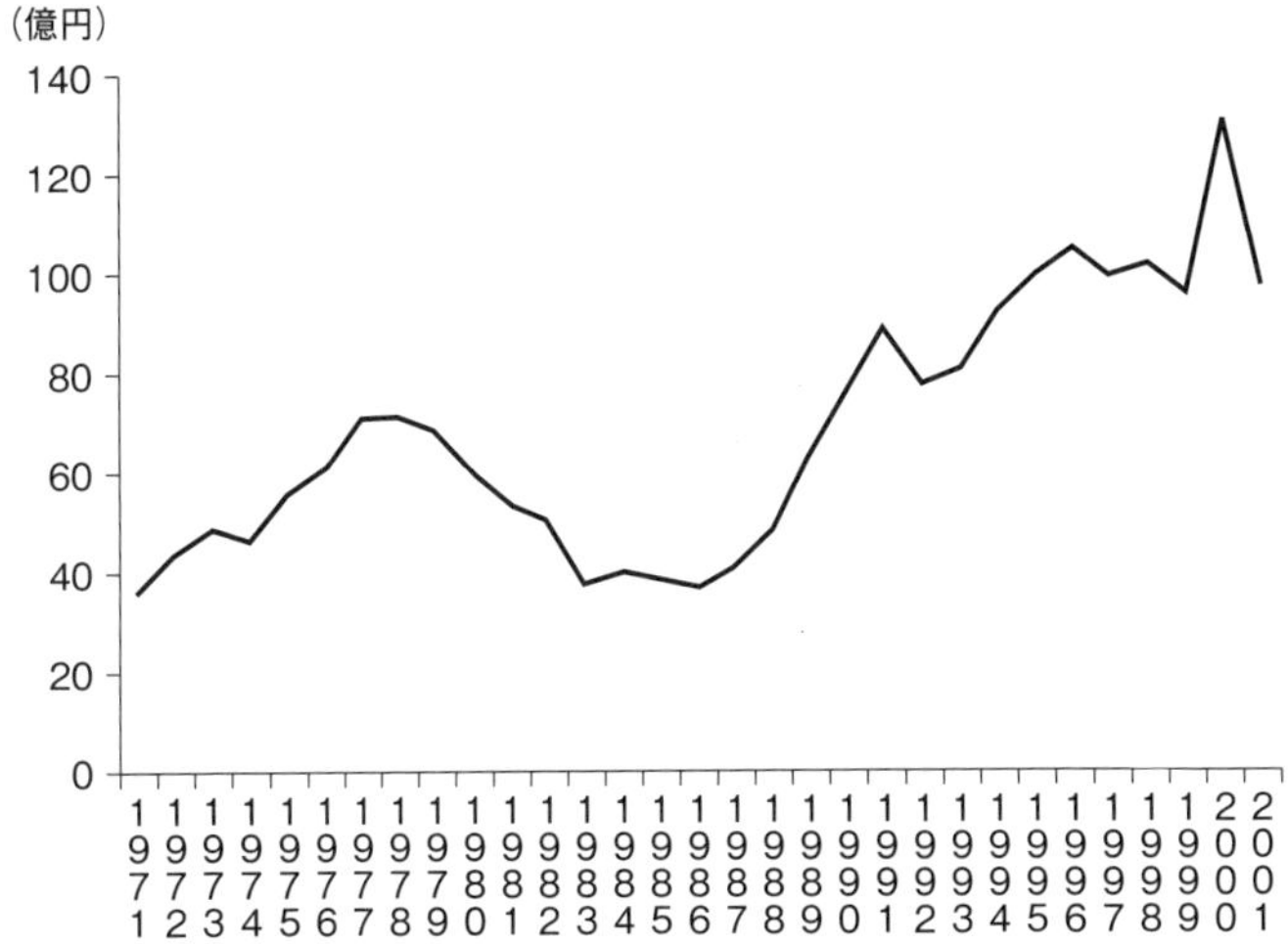

図2·3　CM制作会社のプリント費売上高

制作会社の売上げに占めるプリント費収入は、一九八六年に底を打ってからは、飛躍的に回復していった[20](**図2・3**)。CMの撮影がフィルムからビデオに移行していったことと、ビデオのプリント単価がフィルムよりも、はるかに高く設定されたことも、業績の回復を助けた。

CMアーカイブスと原盤廃棄

CM業界の著作権運動は、たいへんよく機能した。そのおかげで、CMをめぐる著作権侵害事件は、今日までほとんど起きていない。例外的な事例として、過去の名作CM集を許諾なしにビデオ販売しようとした事件があったが、権利者たちによって有効に差し止められた。これほどよく権利秩序が保たれた著作物は、ほかにないかもしれない。しかし、この業界の調和は、多くの可能性を捨てることによって保たれているのも事実だ。捨てられた可能性の第一は、CMの公的なアーカイブスを構築することだった。いまの日本では、過去のCMを誰もが自由に閲覧できるとはいえない。限られた数の作品をみることができる施設が関東に、そして研究者のためのアーカイブスが関西にいくつかあるが、いずれも過去に作られた何十万というCM作品のなかの、ごく一部しか持っておらず、その施設へ行かないとみることができない。

外国ではどうだろうか？　たとえばフランスでは、一九六八年の第一号CMからのほとんどすべての作品が国立視聴覚研究所（INA）からネット公開されている。韓国でも同様の公的なCMアーカイブスがあり、住民登録番号のある韓国国民ならば世界中のどこからでも、過去のすべてのCMをネットで閲覧することができる。わたしは韓国のCMアーカイブスを作ったひとびとに二〇〇五年にインタビューしたことがある。日本ではCMは著作権で厳重に守られていて、過去の作品の公開がままならない現状を話したところ、CMはもともと多くのひとにみてもらうために作られたものなのに、その閲覧を制限していったい何になるのだと問われた。また、日本から視察に来たのはわたしがはじめてで、日本のCM業界からの問い合わせは一度もないともいった。

フランスにも韓国にも著作権制度はあるが、それを使って二次利用を困難にしてしまうような選択肢は取らなかった。日本とは逆の路線を歩んで、公的なアーカイブスを実現したのだ。

過去のCMを公共的資産として自由に閲覧していいとは、日本のCM業界はいわない。ここに、

「被害の過大な見積もり」「強い保護だけ横並び」と並ぶ、日本の著作権業界にみられる第三の傾向がみられる。それは、「権利を主張しないと損をするかもという疑心暗鬼」である。その結果、著作権処理に膨大なコストがかかることになり、CMアーカイブスを作ろうとすると、たいへんな労力を要することになってしまった。また、業界もCMの公共的な側面よりも私有財としての側面を強調しているため、公的な資金でCMを保存公開しようという機運は生まれていない。

そんななか、CMフィルムの原盤が大量に一斉廃棄されるという事態まで起きた。二〇〇四年九月二二日の朝日新聞に、「昔のCM一〇万本、廃棄の危機」と題された記事が掲載された。記事によると、一九八五年までに制作されて残されているCM原盤が約一〇万本で、それらが〇四年七月から一斉に廃棄されることになったという。八五年までに日本で制作されたCMは三〇―四〇万本あったと推定されている。〇四年まで残っていたCM原盤が約一〇万本ということは、二〇―三〇万本の原盤はとっくに廃棄されていたことになる。

CM原盤は、制度的に保存されていないどころか、むしろ廃棄が奨励されている。ACCでは、一九七一年にCM原盤の保存期間の申し合わせをしている。それによると、CM原盤は初号プリント納入から二年間、制作会社で保管された後、廃棄することになっている。一斉廃棄が報じられる以前から、CM原盤はこのACC申し合わせにしたがって廃棄されてきた。制作会社が原盤

(20) 社団法人テレビコマーシャル製作者連盟、前掲書、一五七頁。

を廃棄するときには、通知書を作成して、広告会社をとおして広告主の許可を求める。許可が下りた原盤は廃棄される。広告会社や広告主が保存を希望した場合には、三者で話し合って保存方法や費用負担を決める。

その根底にあるのは、ＣＭには貴重なものとそうでないものがあり、後者は保存するに値しないという考え方である。世相を映すＣＭ、話題になったＣＭ、芸術的な表現の地平を拓いたＣＭ——いいかえればＣＭの「正史」をつづる作品こそが貴重であって、その他のＣＭは貴重ではないという論理だ。

しかし、その認識は正しくない。ＣＭはこれまで無数に作られ、電波で流され、そして棄てられてきた。そういった大量生産・大量消費こそが、ＣＭが背負ってきた宿命であり最大の特質なのである。そのような特質を考えるならば、ＣＭのもっともＣＭらしい点は、「正史」からは除外されてきた「ＢＣ級」の作品のなかにこそある。一〇〇本の名作と一〇万本の「ＢＣ級」作品と、どちらがＣＭ文化をよりよく伝えているかと聞かれたら、それは後者のほうだろう。保存すべきは、あまたある作品群からなるＣＭ文化の総体なのだ。

さて、この一斉廃棄はじっさいに行われたのだろうか？　全体像は把握できないが、相当数の作品の原盤がこのときに廃棄されたようだ。原盤の保存にコストがかかり過ぎるという事情は理解できる。それならば、博物館や美術館などの公的機関に寄贈する方法もあろう。昨今の博物館や美術館はどこも来館者数を増やしたい。ＣＭのように大衆に浸透したコンテンツを収蔵し公開すれば、来館者増につながるだろう。CM原盤の引き受けに手をあげる館は、探せばあったかもしれないが、そうした可能性を探った形跡はない。

業界がCM原盤を廃棄しようとする背景には、権利の帰属問題がある。広告主・制作会社・広告会社のトライアングルで調和が保たれているため、原盤をこれら三者の外に流出させる選択肢を取ることには消極的だったのではないだろうか。かといって、原盤を廃棄しておきながらいっぽうで権利を主張するのでは、法的に正当でも道義的にはおかしい。原盤を保存する努力をしないで、そのCMのコピーについての権利主張をするべきではない。

CM原盤が失われる理由は、業界自身による廃棄だけではない。不況にともなう制作会社の倒産によっても、多くの原盤が行方不明になっている。いわゆる「名作」をたくさん作り、権威ある賞に何度も輝いてきた会社ですらも、不況のなかで消えていった。そしてそこにあったはずの原盤フィルムの所在がわからなくなっている。

あらためて問うべきは、誰がCMの所有者なのかという点だ。それは制作会社であり、広告主であり、広告会社なのだろうか？　彼らではなく、このトライアングルから除外されてきた者こそが、CMの真の所有者ではないだろうか？　その者とはCM文化を支えてきた第四の主体であり、制作費の最終的な負担者としての市民である。大量のCMを浴びせられながら育った市民にとって、過去のCMは身体の一部だといってもいい。市民は原盤が廃棄される現状、著作権があるせいで作品に自由にアクセスできない現状に、もっと不満を感じてもよいのではないだろうか。

映画とCMの著作権はいつ切れるのか

さて、このようなCMの著作権は、いつまでつづくものなのだろうか？　業界が主張するようにCMが「映画の著作物」にあたるのならば、公表の日、すなわち最初の放映日から七〇年間保護される。いまのCMが公有のものになるのは、孫の世代になってからということになる。

この本を書いている二〇一一年時点では、一般の著作物は著作者の死後五〇年間保護されるのに対して、「映画の著作物」だけは、公開の日から七〇年間保護される。著作権法がこのように変わったのは二〇〇四年一月一日のことで、それ以前は公開の日から五〇年間だった。もっと正確にいうと、五〇年を経過したあとの一二月三一日をもって保護期間が切れた。このことから、一九五三年に公開された「ローマの休日」や「シェーン」の著作権は、二〇〇三年一二月三一日に切れたのか、それとも翌日の〇四年一月一日に施行された改正著作権法によって切れることなく存続しているのかが裁判になった。両作品の著作権者であるパラマウント・ピクチャーズ・コーポレーションが、これらの作品の格安DVDを販売していた会社を訴えたのだ。裁判では一、二審とも原告が敗訴し、最高裁も下級審の判決を支持した。それによって、一九五三年公開の映画は二〇〇三年に保護期間を終えたことが確定した。この争いは「一九五三年問題」と呼ばれている。

二〇〇三年までの著作権法を表面的に解釈すれば、一九五三年までに公開されたすべての映画の著作権は切れていると理解できる。黒澤明（一九一〇―九八）やチャールズ・チャップリン

（一八八九―一九七七）の監督作品も、二〇〇三年時点で公開から五〇年を経ているものについては、「一九五三年問題」の判例によって公有になったと理解され、格安ＤＶＤが販売された。

ところが、これには思わぬ落とし穴があった。現在の著作権法が施行された一九七一年よりもまえの映画には、明治時代に作られた旧著作権法が適用される。そこには「独創性を有する映画」で個人著作物と認められる作品の保護期間は、著作者の死後三八年間と規定されていた。これらの映画の著作権を持つ映画会社は、黒澤もチャップリンも「独創性を有する映画」の著作者であり旧著作権法が適用されるとして、格安ＤＶＤの販売会社を訴えた。この裁判も最高裁まで争われ、原告の勝訴となった。それにより、旧著作権法時代に公表された作品、すなわち黒澤映画の主要な作品（「羅生門」「七人の侍」「用心棒」など）とチャップリンの全作品について、それぞれ二〇三六年、二〇一五年まで権利がつづくことになった。

「一九五三年問題」は、劇場映画だけでなく「映画の著作物」だとされるＣＭにも影響を与えている。日本のテレビＣＭ第一号は、最初の民放局の日本テレビが開局した一九五三年八月二八日の正午に放送された、精工舎の時報入りＣＭだった。二〇〇四年に「映画の著作物」の保護期間が延長されなければ、二〇〇三年以後、過去のＣＭの著作権は順番に切れていくはずだった。「一九五三年問題」の判例によって、一九五三年放映のＣＭの権利は二〇〇三年に切れたが、一九五四年以後に公開された作品は、もっとも早くても二〇二四年まで保護されることになったとみられる。「映画の著作物」の保護延長が、ＣＭ業界にも思わぬ効果をもたらしたのだ。

しかし、その効果が持つ意味については議論が必要だろう。まず、ＣＭがほんとうに「映画の著作物」であるのかについての、各界を巻き込んだ真摯な議論が求められる。そのうえで、過度な権利主張がＣＭの二次利用や公的アーカイブスの妨げになっている現状を分析し、ＣＭを文化として継承するために何が必要なのかを、市民の立場を入れて話し合う必要があるのだ。

権利侵害の使い方

ここまで検討してきたことからは、それまで誰も文句をつけなかった行為が、ある日とつぜん違法だとして糾弾されるふたつの事態が導かれる。第一は法律が厳しくなって、合法だったことがそうでなくなる場合である。第二は違法なことに目をつぶっていた権利者が、急に権利保護を訴えはじめた場合である。前者の典型例が映画盗撮防止法で、後者の例としてＣＭの著作権をあげることができる。

しかし、法改正や新たな権利主張によらずとも、思わぬことについて、思わぬ法律を根拠に違法だといわれたり、行動が抑制されたりすることがある。著作権法は、そのような「思わぬ事態」を作り出してもいる。この法律が持つ、作品の自由な複製を制限する規定が、いろいろな目的のために利用されているのだ。

著作権法の目的は、その第一条にあるように「文化の発展に寄与すること」である。だが、必ずしもこの目的にそぐわないような使い道も、この法律にはある。第一は権利者の意に反する言論をけん制するため、第二は他の法律では対応できない犯罪的な行為を取り締まるためである。

第一の「権利者の意に反する言論をけん制するため」に著作権が使われた例を、わたし自身の経験から紹介しよう。わたしはかつて、日本のテレビCM文化について仲間の研究者らと共同研究を行い、その成果を共著書にして出版した。[21] 本の性格からして、CMからの図版を引用することが避けられなかったので、出版社の担当編集者をとおして権利者に図版掲載の許諾を求めることにした。

CMを二次利用する場合は、先に述べたように、まずはACCのCM情報センターに問い合わせることになる。ところが、同センターが関与しているのは動画の権利だけなのだ。動画のなかから一場面を切り出して、写真として本に掲載する場合は、広告主と直接交渉をしなければならない。もちろん、その本は「学術出版物」だと主張して、CM図版の掲載も著作権法が認める「引用」の範囲内だとして許諾を取らないという選択肢もあったのだが、出版社とも相談したうえで権利処理をきちんと行うことにした。かくして、共著者から出された三七枚の図版の掲載許諾を個別に取ることになった。

問題になったのは、ある化学調味料のCMだった。そのCMでは元野球選手が台所で料理を作っていた。CM映像の背景に置かれた小道具のジューサーミキサーに注目して、著者は論を展開

(21) 山田奨治編『文化としてのテレビ・コマーシャル』世界思想社、二〇〇七年。

した。そのジューサーミキサーが、健康を意識させる小道具として用いられている可能性を論じようとしたのだ。ところが、その広告主は論文の本文をみせるように要求し、論旨が広告主の意図と違うという理由で、図版の掲載を断ってきた。

この化学調味料メーカーは、「検閲」をしたうえで、あきらかに言論をけん制する目的で権利を行使した。著作権の使い方としては、もっともレベルの低いものだ。著者はしかたなく図版の掲載を見送ったが、本文は変えなかった。しかし図版がないので、読者には論旨が伝わりにくい文章になってしまった。

文化の発展のためには、権利者に不愉快な批評でも許容しなければならない。それができるかどうかが、権利者の「文化度」をはかる物差しになる。「キスミー」のブランドを展開する化粧品メーカーの伊勢半は、わたしたち許諾申請に対して、引用を差し止めるようなことは一切していないと回答し、先の化学調味料メーカーとは対照的な反応を示した。伊勢半の対応が賞賛に値することは、いうまでもない。

この化学調味料メーカーのように積極的に掲載を断らないまでも、許諾申請に回答をしないことで、消極的に言論をけん制する対応もみられた。その本には守らなければならない刊行期日があった。そこから逆算すれば、何月何日までに許諾が得られなければ図版を掲載できないというデッドラインがある。当然、そのデッドラインは権利者側にも伝えて、それまでに回答していただくよう交渉をしたのだが、その日を過ぎても返事がないというケースがいくつかあったのだ。

広告主の許諾があれば掲載できたはずのものが、デッドラインのぎりぎりになって制作会社と広告会社の許諾も取るように求められて、しかたなく掲載を断念したものもあった。

そのほかにも、アメリカ人のイラストレーターの作品が映り込んでいて許諾を取るのに時間と費用がかかる、出ているタレントが誰だかわからない、タレントとの契約が切れている、モデルに肖像権があるから、といった理由で掲載を見送った図版がたくさんある。広告主が倒産していて、許諾を求めたくてもできなかった例もある。このように、CMの研究成果を出版するにあたって、それを妨害する意図がなかったとしても、著作権を含む諸権利が仇になってしまうことは、いくらでもある。研究がCMという文化の発展に寄与すると信じていてもである。

第二の「他の法律では対応できない犯罪的な行為を取り締まるため」に著作権が使われた典型的なケースとして、「クラブきっず事件」をあげることができる。二〇〇六年六月、交通事故死した児童の遺体写真などをネットで公開していた小学校教師の男が警察の事情聴取を受け、自宅や勤務先の小学校が家宅捜索された。男の容疑は著作権法違反だった。交通事故死した児童の遺族のウェブサイトから公開されている写真が、男の開設する「クラブきっず」というホームページに無断転載されているというのが、事情聴取の理由だった。

児童の遺族らは、この男に制裁を加えたかった。しかしながら、たとえ特殊なものであったとしても、個人の嗜好を法で裁くことはできない。そこで便利な手段として使われたのが、著作権法違反という、多くのウェブサイト開設者が意識せずに犯してしまっている罪だった。著作権のある写真を無断でネットに転載するのは、著作権のうち複製権と送信可能化権の侵害になる。この男もほかの多くのサイト開設者と同様、ネットサーフィンで集めた写真を自分のサイトから公開していたのだ。

一二月には写真を転載された遺族らが共同して、著作権法違反、侮辱罪、児童ポルノ禁止法違反で男を告訴した。男は翌年二月に逮捕され、東京地裁は懲役二年六ヶ月、執行猶予五年の有罪判決を出した。男は控訴しなかったが、執行猶予中にもかかわらず児童を盗撮するために建造物に侵入して逮捕され、懲役一〇ヶ月の実刑判決を受けた。

「クラブきっず事件」での著作権法違反の使い方は、「文化の発展に寄与すること」という法律の目的とは違うといわざるを得ない。一般論として個人の嗜好を裁くことは、文化の発展にはマイナスになる。文化の革新は、「特殊な嗜好」を持つ個人や集団が、言論や表現の自由に守られて、なされることがあるからだ。「クラブきっず事件」の問題は、遺体写真の公開によって、亡くなった児童の尊厳と遺族感情を傷つけたことにある。この事件での反社会性の本質は、著作権が守る文化の問題ではないのだ。

憲法が認める言論や表現の自由をおびやかすような著作権の使い方を、立法者たちは考えていただろうか。著作権侵害は、「文化の発展に寄与すること」という目的を越えて活用されている。法律が本来の趣旨をはずれて効力をおよぼすことの恐ろしさを、わたしたちはもっと考えなくてはならない。

第3章　法律を変えるひとびと

著作権分科会を解剖する

ここまでの章をお読みいただけたら、日本の著作権法の厳しさと、その摩訶不思議な部分についての理解は深まったと思う。つぎに湧いてくる疑問は、そういう著作権法は誰がどのようにして変えているのかということだ。

著作権法を改正する話し合いは、文部科学大臣と文化庁長官の諮問機関である文化審議会著作権分科会で行われる。著作権分科会にはテーマごとにいくつかの小委員会が設けられ、そこから上がってくる報告書に基づいて分科会が諮問を取りまとめる。そして内閣が具体的な法案を作り、衆参両院での審議と議決を経て決まる。

二〇〇二年に現在の知的財産戦略本部の前身にあたる組織が内閣にできてからは、そこが毎年発表する「知的財産推進計画」で示されたことも、著作権法改正に影響を与えるようになっている。したがって、知的財産戦略本部の動きも重要であるものの、日本の著作権法の方向性を決めているのは文化審議会著作権分科会だといってよい。

問題は、著作権分科会にどういうひとが選ばれているかである。

文化審議会は、従来の著作権審議会・国語審議会・文化財保護審議会・文化功労者選考審査会を二〇〇一年一月に統合してできたものだ。旧著作権審議会は一九七一年三月から、さらにその前身の著作権制度審議会は一九六二年五月からある。五〇年近い歴史のある審議会のすべてを調べるのは本書の目的からはずれるため、法改正が頻繁に行われた二〇〇一年以後の著作権分科会について、その人選を解剖してみることにする。

まずは**表3・1**をみていただけたら、一目瞭然であろう。特定の権利者団体や業界団体から「充て職」のように委員が選ばれている。なかには一〇年間、委員の名前が固定している団体もある。そこに消費者等の団体からの委員と、著作権法の専門家らの学識経験者が加わっている。だが長期的にみれば、学識経験者の人数が増えているようである。利益代表委員の割合を減らして、分科会の中立性を出そうという文化庁の意図があるのかもしれない。

ここまでで、ふたつの問題が浮かび上がる。第一は著作権分科会の委員が特定の団体の「充て職」でよいのかという点、第二はおなじ人間が長期にわたって委員の座を占めていることは公正かという点である。

第一の点を考えてみよう。利害関係のある大きな団体からひとを集めて、官僚が調整をはかるのは、日本的な行政の典型だともいえる。しかし、そのやり方では、霞が関でロビイングをする力のない団体や、団体に所属しないクリエイターたちの意見は、反映されない可能性が高い。どの団体から委員を出してもらうのかについては、文化庁の意向が反映される。具体的にみれば、日本俳優協会から日本芸能実演家団体協議会へと、俳優の利益代表委員の母体が変わっている。消費者団体の代表も、日本生活協同組合連合会と全国地域婦人団体連絡協議会から主婦連合会へと変わり、その過程で消費者団体の委員枠がひとつ減らされている。

こういった変化の背景をあきらかにする資料は入手できない。国の審議会に委員を出しているかどうかは、団体の地位にかかわることなので、審議会からはずされた団体にとっては「はいそうですか」とはいかない部分もあるだろう。官僚というものは、そういう難しい調整をとおして業界を主導するものだと思う。

第二の、おなじ人間が長期にわたって委員の座を占めることの問題を考えてみよう。まず、著作権分科会に長くかかわっている委員は誰なのか、二〇一〇年度末現在の情報をもとにみておく。日本文芸家協会からは、作家の三田誠広（一九四八—）が連続して委員になっている。委員を長期にわたって務めているという点では、里中満智子（一九四八—）の存在も目を引く。漫画家にも団体がないわけではないが、委員としての彼女の肩書きは「漫画家」であり、権利者団体の代表者ではない。そうだとしても、里中が漫画家の立場を代弁していることは、自他ともに認めるところだろう。ちなみに、三田と里中は著作権分科会の前身にあたる著作権審議会の時代の一

著作権分科会委員

第5期	第6期	第7期	第8期	第9期	第10期
三田誠広	三田誠広	三田誠広	三田誠広	三田誠広	三田誠広
入江　観	福王寺一彦	福王寺一彦	福王寺一彦	福王寺一彦	福王寺一彦
瀬尾太一	瀬尾太一	瀬尾太一	瀬尾太一	瀬尾太一	瀬尾太一
岡田冨美子	岡田冨美子	岡田冨美子	岡田冨美子	いではく	いではく
里中満智子	里中満智子	里中満智子	里中満智子	里中満智子	里中満智子
後藤幸一	後藤幸一	後藤幸一	後藤幸一	後藤幸一	後藤幸一
大林丈史	大林丈史	大林丈史	大林丈史	大林丈史	大林丈史
金原　優	金原　優	金原　優	金原　優	金原　優	金原　優
神山直樹	田上幹夫	田上幹夫	川内友明	山浦延夫	山浦延夫
佐藤　修	佐藤　修	佐藤　修	石坂敬一	石坂敬一	石坂敬一
			後藤雅実	後藤雅実	黒木隆男
角川歴彦	角川歴彦	角川歴彦	角川／高井	高井英幸	高井英幸
森　忠久	森　忠久	玉川寿夫	玉川寿夫	玉川寿夫	大寺廣幸
迫本淳一	迫本淳一	迫本淳一	迫本淳一	迫本淳一	迫本淳一
辻本憲三	辻本憲三	辻本憲三	辻本憲三	辻本憲三	辻本憲三
常世田良	常世田良	常世田良	常世田良	常世田良	常世田良
加藤さゆり					
佐野真理子	佐野真理子	河村真紀子	河村真紀子	河村真紀子	河村真紀子
金井重彦	金井重彦				
加藤幹之	加藤幹之	加藤幹之	加藤幹之	広崎膨太郎	広崎膨太郎
永井多恵子	永井多恵子	永井多恵子			
中山信弘	中山信弘	中山信弘	中山信弘	中山信弘	中山信弘
野村豊弘	野村豊弘	野村豊弘	野村豊弘	野村豊弘	野村豊弘
紋谷暢男	紋谷暢男				
松田政行	松田政行	松田政行	松田政行	松田政行	松田政行
大楽光江	大楽光江	大楽光江	大楽光江	大楽光江	大楽光江
土肥一史	土肥一史	土肥一史	土肥一史	土肥一史	土肥一史
石井紫郎					
村上政博	村上政博	村上政博	村上政博	村上政博	村上政博
佐々木正峰	佐々木正峰	佐々木正峰	佐々木正峰	佐々木正峰	佐々木正峰
	青山善充	青山善充	青山善充	青山善充	
	道垣内正人	道垣内正人	道垣内正人	道垣内正人	道垣内正人
		大渕哲也	大渕哲也	大渕哲也	大渕哲也
		野原佐和子	野原佐和子	野原佐和子	野原佐和子
		宮川美津子	宮川美津子	宮川美津子	宮川美津子

表3·1　文化審議会

出身母体	第1期	第2期	第3期	第4期
日本文芸家協会	三田誠広	三田誠広	三田誠広	三田誠広
日本美術家連盟	入江　観	入江　観	入江　観	入江　観
日本写真著作権協会	あがたせいじ	瀬尾太一	瀬尾太一	瀬尾太一
日本音楽著作権協会	岡田冨美子	岡田冨美子	岡田冨美子	岡田冨美子
漫画家	里中満智子	里中満智子	里中満智子	里中満智子
日本映画監督協会	山際永三	山際永三	後藤幸一	後藤幸一
日本俳優協会	市川團十郎	市川團十郎	市川團十郎	
日本芸能実演家団体協議会				大林丈史
日本書籍出版協会	金原　優	金原　優	金原　優	金原　優
日本新聞協会	村上重美	村上重美	村上重美	神山直樹
日本レコード協会	富塚　勇	富塚　勇	依田　巽	依田　巽
日本放送協会	板谷駿一	板谷駿一	板谷駿一	関根昭義
日本映像ソフト協会	稲葉昭典	稲葉昭典	角川歴彦	角川歴彦
日本民間放送連盟	酒井　昭	酒井　昭	酒井　昭	森　忠久
日本映画製作社連盟	迫本淳一	迫本淳一	迫本淳一	迫本淳一
コンピュータソフトウェア著作権協会	辻本憲三	辻本憲三	辻本憲三	辻本憲三
日本図書館協会	大澤正雄	大澤正雄	大澤正雄	常世田良
日本生活協同組合連合会	小熊竹彦	小熊竹彦	小熊竹彦	
全国地域婦人団体連絡協議会	松下直子	松下直子	菱木純子	加藤さゆり
主婦連合会				佐野真理子
日本芸術文化振興会	國分正明	國分正明	國分正明	
日本弁護士連合会	山口三惠子	山口三惠子	山口三惠子	金井重彦
経済団体連合会	丸島儀一	丸島儀一	丸島儀一	石田正泰
学識経験者等	北川善太郎	北川善太郎		
	齊藤　博	齊藤　博	齊藤　博	齊藤　博
	柴崎信三			
	永井多恵子	永井多恵子	永井多恵子	永井多恵子
	中山信弘	中山信弘	中山信弘	中山信弘
	野村豊弘	野村豊弘	野村豊弘	野村豊弘
	半田正夫	半田正夫		
	松村多美子	松村多美子		
	紋谷暢男	紋谷暢男	紋谷暢男	紋谷暢男
		松田政行	松田政行	松田政行
			清水康敬	
			大楽光江	大楽光江
			土肥一史	土肥一史
				石井紫郎
				村上政博

九九九年から連続して委員になっている。

一〇年間つづけて委員に選ばれているという点では、日本書籍出版協会の金原優（医学書院代表取締役、一九四九—）、日本映画製作社連盟の迫本淳一（松竹社長、一九五三—）、コンピュータソフトウェア著作権協会の辻本憲三（カプコンCEO、一九四〇—）、学識経験者では中山信弘と野村豊弘（学習院常務理事、一九四三—）もおなじだ。辻本は、三田・里中とともに著作権審議会の時代の一九九九年から連続して委員になっている。中山と野村はそれぞれ九七年、八五年からで、松田政行（法学者・弁護士、一九四八—）も著作権分科会の第一期を除くと九三年からかかわっている。[22]日本写真著作権協会の瀬尾太一も、第二期からではあるが委員歴は長い。

長期にわたって委員を務めることの利点は、議論の歴史に精通できることである。それは委員会での発言力に直接つながる。一〇年間の議論の積み重ねを知っている委員ならば、昨日今日に参加してきた人間を、たやすくやりこめることもできるだろう。著作権の動向が利害に直結する団体が委員を入れ替えないことには、それだけの理由があるのだ。

固定化した委員

文化審議会著作権分科会は、著作権法の行方を決める場だとはいっても、個別の課題についての具体的な審議は分科会の下に置かれる小委員会で行われる。したがって、著作権分科会のメンバーよりも小委員会委員の人選のほうが、政策決定におよぼす影響の観点からは重要である。

著作権審議会から著作権分科会へと変わった二〇〇一年度以後、一〇年度までの一〇年間に設置された小委員会は、つぎのとおりである。

総括小委員会（二〇〇一年度）
情報小委員会（二〇〇一年度）
放送小委員会（二〇〇一年度）
国際小委員会（二〇〇一年度―）
契約・流通小委員会（二〇〇二―〇五年度）
司法救済制度小委員会（二〇〇二―〇三年度）
著作権教育小委員会（二〇〇二―〇三年度）
法制問題小委員会（二〇〇二年度―）
私的録音録画小委員会（二〇〇六―〇八年度）
過去の著作物等の保護と利用に関する小委員会（二〇〇七―〇八年度）
基本問題小委員会（二〇〇九年度―）

(22) 著作権法百年史編集委員会編『著作権法百年史　資料編』社団法人著作権情報センター、二〇〇〇年、一〇―一三頁。

これらの小委員会の委員に誰が何回なっているのかを、計量的に調べてみよう。小委員会は親委員会である著作権分科会とおなじく一年度を一期としている。したがって、これらのすべての委員会を合計すると三六期ぶん、六四七のポストがある。そこに選ばれた委員数は一五〇名弱である。何度も委員を務めたベストテンをつぎのリストに示す。ただし、初期は委員名簿が必ずしも公表されておらず、議事録からの推定で委員名を同定したため、若干の誤差を含んでいる可能性はある。

一位　松田政行（弁護士、弁理士、青山学院大学教授）通算二六期
二位　道垣内正人（東京大学教授、早稲田大学教授、弁護士）通算一八期
三位　久保田裕（コンピュータソフトウェア著作権協会）通算一七期
三位　山本隆司（弁護士）通算一七期
五位　上原伸一（朝日放送、日本民間放送連盟、国士舘大学教授）通算一六期
五位　土肥一史（一橋大学教授）通算一六期
五位　石井亮平（日本放送協会）通算一六期
八位　中山信弘（東京大学教授、明治大学教授、弁護士）通算一五期
八位　森田宏樹（東京大学教授）通算一五期
一〇位　児玉昭義（日本映像ソフト協会）通算一二期

一〇位　前田哲男（弁護士）通算一二期
一〇位　大渕哲也（東京大学教授）通算一二期
一〇位　生野秀年（日本レコード協会）通算一二期

六四七の小委員会ポストのうち二〇四をこれら一三名で占めている。その結果、どこの小委員会にもおなじような顔ぶれが並ぶことになる。

ひとめでわかるように、松田政行の関与が際だって多い。実は松田は、著作権審議会の時代の一九八六年から連続して、いずれかの小委員会にかかわりつづけている。著作権法の第一人者との呼び声の高い中山信弘も審議会への参加歴は長く八三年からである。しかし、中山の場合は八六年から九〇年のあいだは委員になっておらず、連続して委員になっているという点でも、松田は中山をしのいでいる[23]。

学識経験者の場合、著作権法に深い専門知識を持ち、余人を持って代えがたいひとは、連続して委員になってもらう必要性もあるだろう。松田と中山は、著作権法の当代きっての専門家なので、そういった人物が委員を長く務めることの公共的な利益はある。しかし、団体の利益代表委員の場合、委員を長年据え置くことには、公共の観点からは弊害があるのではないか。

---

(23) 著作権法百年史編集委員会編、前掲書、一四―一九頁。

長く委員を務めることとの最大の問題は、委員の考えが団体に所属する会員の総意なのか、委員個人の思想なのか、団体の意見であってもそこに委員の個人思想が反映されているのかが、判然としなくなることにある。

この問題が象徴的にあらわれた場面を紹介しよう。著作権保護期間延長問題を審議していた第三回「過去の著作物等の保護と利用に関する小委員会」（二〇〇七年五月一六日）での、委員で劇作家の平田オリザ（一九六二―）と、おなじく委員で日本写真著作権協会の瀬尾太一のやりとりである。協会として延長に賛成することについて、会員の意見をどのように聴取したのかという平田の問いに対して、瀬尾はこう答えた。


【瀬尾】構成団体の当然、理事会を通った決議でございます。ただ、全員一人ずつの意見を聞いて、国民投票的な決議を採るということはしておりません。

【平田】アンケートはしていないのですか。

【瀬尾】アンケートも何も、これはそういう一人ずつに全員に話を聞く問題ではないと判断しています。

【平田】なぜ行わないのですか。

【瀬尾】例えば全員にアンケートをとって、そのアンケートの比率で、これを出さなければいけない問題なのかどうかというのは、我々の理事会の中では、全員一人ずつ聞いて、みんな、本当にいいと言ったのかと。その部分が問題になるとすると、我々がイエス、ノーということは一切言えなくなってしまうのではないですか。

【平田】私は文芸家協会の会員でもありますが、文芸家協会は確かに、保護延長に賛成という要望を出していますが、理事会で決められており、私たちに配られる資料は、もう保護延長ありきという資料しか配られておりません。それは明らかに公平を欠くような誘導的なものだったと私は感じております。他団体も、そういうものがあるのではないかと危惧しております。あくまで会員全員の公平な判断を示すような資料を配付した上で、アンケート調査なりをした上で決議をして頂く。もちろん、これは各団体の執行の過程で民主的な判断はなされていると思いますので、それを否定するものではありませんが、それを強い意見として、創作者がみんな、保護延長を願っているというような言い方をされますと、多少、それは留保したいと思います。(24)

この委員会には、保護期間延長を強く要求していた日本文芸家協会の三田誠広も委員に選ばれていた。平田の指摘に対しては、六月の第四回委員会の席で「これに対しては、すみませんでした」という三田のことばが記録されている。(25)

(24) http://www.mext.go.jp/b_menu/shingi/bunka/gijiroku/021/07051627.htm

創作にかかわる者にとっては、著作権は生命線だともいえる。その大事な著作権に知識と意見を持たないクリエイターなど少数派だろう。著作権分科会に出る能力のある会員は、どの団体にも大勢いるはずだ。それにもかかわらず、重要な委員に新陳代謝が起きないのは、組織が疲弊し権力構造が固定化していることが疑われる。団体の利益代表委員は、構成員の意見を広く吸い上げて意見表明するとともに、委員自身も数年で交代していくことが、政策決定の公正さを保つうえで重要ではないか。

国家戦略になった知財

著作権法の方向性は、文化審議会著作権分科会で決められていることには変わりはないのだが、二〇〇二年以後は政府レベルで決められた方針も影響するようになった。内閣の知的財産戦略本部が出す知的財産推進計画のことである。「戦略本部」や「推進計画」のことはすでに何度か触れてきたが、ここであらためて書いておこう。

日本が著作権や特許を国家戦略としてことのほか重視しはじめたのは、二〇〇二年からである。当時の小泉純一郎首相は、同年二月四日に行われたはじめての施政方針演説でこう述べた。

我が国は、既に、特許権など世界有数の知的財産を有しています。研究活動や創造活動の成果を、知的財産として、戦略的に保護・活用し、我が国産業の国際競争力を強化することを国家の目標とします。[26]

小泉政権の選択は、知的財産を強く保護し、経済成長に結びつけた一九八〇年代のアメリカのやり方を模倣したものだった。

これを受けて、二月二五日に知的財産戦略会議が内閣府にできた。「戦略会議」は内閣総理大臣が開催するもので、主要な閣僚に加えて一〇名の有識者が委員になった。そこでの検討を経て、同年七月三日に「知的財産戦略大綱」が発表された。

「大綱」のなかで著作権に関係することとしては、権利者と利用者の双方にとってバランスの取れた保護を実現すること、海賊版対策として二国間やＷＴＯでの交渉を進めること、デジタル化・ネットワーク化に対応した新たな国際著作権ルールを策定すること、ネットワーク上での著作権保護を強化することなどが書かれてある。[27] それぞれの具体的な行動計画を担当する省庁が割り振られ、知財保護が政府によって主導される体制になったことが読み取れる。

「戦略会議」のもうひとつの役割は、知的財産基本法を審議することだった。「基本法」は、知的財産の創造・保護・活用にかんして国・地方公共団体・大学・事業者の責務をあきらかにし、

---

(25) http://www.mext.go.jp/b_menu/shingi/bunka/gijiroku/021/07062637.htm
(26) http://www.kantei.go.jp/jp/koizumispeech/2002/02/04sisei.html
(27) http://www.kantei.go.jp/jp/singi/titeki/kettei/020703taikou.html

「推進計画」の作成と「知的財産戦略本部」を内閣に設置することをうたったものだった。

「基本法」は二〇〇二年一二月四日に公布され、翌年三月一日に施行された。これによって「戦略会議」は「戦略本部」へと発展的に解消した。〇三年五月に設置された「戦略本部」の主な役目は、毎年の知的財産推進計画を作り日本の知財政策の舵取りをすることである。本部は主要な閣僚と有識者委員とで構成し、本部長は内閣総理大臣が務める。

知的財産推進計画は、二〇〇三年以後つづけて発表されている。一〇年までの計画のなかから、著作権法改正に関係する主立った事項を拾ってみよう。

事項	計画記載年
刑罰の見直し	〇三―〇六年
書籍の貸与権の創設	〇三年
無許諾でできる上映の範囲の限定	〇三―〇四年
レコード輸入権の創設	〇三年
保護期間の延長	〇三―一〇年
版面権の創設	〇三―〇四年
著作権法の簡素化	〇三―〇五年
データベースの保護の強化	〇四―〇五年

権利制限規定の見直し　〇四―一〇年
私的複製の見直し　〇五―〇八年
著作者人格権の整理　〇五年
私的録音録画補償金の見直し　〇三―〇八、一〇年
損害賠償制度の見直し　〇三―〇七年
技術的保護手段の回避の見直し　〇三―〇六年
非親告罪化　〇七年
タイプフェイス（文字書体）の保護　〇六―〇七年

一覧してみれば、計画が実現したもの（刑罰の見直し、書籍の貸与権の創設、レコード輸入権の創設など）もあれば、一部だけ実現したもの（保護期間の延長など）、いまだ実現していないもの（版面権の創設、私的録音録画補償金の見直し、非親告罪化、タイプフェイスの保護など）もある。

これらの項目を眺めていると、保護を強くするための施策が中心である。ある思惑を実現したいひとたちが考えを「推進計画」に入れ、それを後押しとしてうまく利用している可能性がある。

そうなると、問題は誰が知的財産戦略本部を動かしているのかだ。「充て職」の閣僚を除く有識者委員は一〇名である。「戦略本部」は著作権だけでなく特許権なども含んだ知的財産全般をカバーしているので、産業界からも広く有識者委員が選ばれている。二〇〇三年三月に就任した

一〇名は〇六年度まで委員を務めたが、〇七年度からは二年の任期になっている。一〇年度現在までの委員名と就任時の肩書き、任期はつぎのとおりである。

相澤益男（総合科学技術会議議員）〇七年度—
阿部博之（総合科学技術会議議員）〇三年三月—〇六年度
安西祐一郎（慶應義塾塾長）〇三年三月—〇六年度
岡村正（東芝取締役会長）〇七—〇八年度
角川歴彦（角川書店代表取締役会長兼ＣＥＯ）〇三年三月—
梶山千里（九州大学総長）〇七—〇八年度
川合真紀（理化学研究所主任研究員）〇三年三月—〇六年度
久保利英明（弁護士）〇三年三月—〇六年度
佐藤辰彦（弁理士）〇七年度—
里中満智子（漫画家）〇七年度—
下坂スミ子（弁理士）〇三年三月—〇六年度
中山信弘（東京大学法学部教授）〇三年三月—
野間口有（三菱電機代表取締役社長、産業技術総合研究所理事長）〇三年三月—〇六年度、〇九年度—

長谷川閑史（武田薬品工業代表取締役社長）〇七年度―
松本紘（京都大学総長）〇九年度―
御手洗冨士夫（キャノン代表取締役社長）〇三年三月―〇六年度
三尾美枝子（弁護士）〇七年度―
森下竜一（アンジェムスエムジー取締役、大阪大学大学院医学系研究科助教授）〇三年三月―〇六年度
山本貴史（東京大学ＴＬＯ代表取締役社長）〇七年度―

委員歴の長さでいうと、角川歴彦と中山信弘は創設時から途切れることなく選ばれている。角川はコンテンツ業界の代表として、中山は知的財産法学の第一人者として本部員を長く任されているのだろう。なお、中山は「戦略本部」の前身の知的財産戦略会議の時代から参加している。「戦略本部」には、いくつかの専門調査会が置かれている。著作権に深くかかわる調査会としては、コンテンツ専門調査会（二〇〇三年七月―〇七年七月）、コンテンツ・日本ブランド専門調査会（二〇〇七年九月―）、デジタル・ネット時代における知財制度専門調査会（二〇〇八年四月―）が活動している。これらの委員には文化庁の委員会と重なる顔ぶれも一部みられるが、大半は違うメンバーである。委員の割合をみると、前二者は業界主導、後一者は法学者主導になっている。

さて、問題はこの「戦略本部」の性格である。少なくとも設置の初期においては、運営の公平性をかなり欠いたものだったと受け取れる記録がある。二〇〇三年一二月一七日に官邸で開かれた設置一年目の最後の会合で、小泉純一郎首相や福田康夫官房長官（一九三六—）、麻生太郎総務大臣（一九四〇—）ら並みいる閣僚たちのまえで、中山が「戦略本部」の事務局を激しく非難したのだ。大学や研究機関の知的財産をめぐる動きについての、福田からの問いかけに対する中山の答えである。やや長くなるが、議事録からその部分を引用しよう。

……今日はちょっと違うことですけれども、事務局の在り方について、余りにも独善的であるので、ちょっと異議を申し述べたいと思います。

私は本部員として、専門調査会でメンバーである必要はないのですが、オブザーバーとして意見を述べたいと申し上げておりましたけれども、一切拒否されております。その理由は官邸の意向であるということでございます。私、まさか総理の意向であるとは考えていないんですけれども、いずれにいたしましても、事務局にはまともに議論をしようという真摯な態度がどうも私には感じられません。したがって、この報告書には私の意見は反映されておりません。こういうことでは、私は本部員を続けている意義はないと考えております。

（中略）

したがって、私はどうしても申し上げたいことはたくさんあります。単に知財だけではなくて、これは法務大臣おっしゃったとおり、司法制度・裁判制度全般に関わる問題で、幾らでも意見を申したいことはあるんですけれども、本部員として意見を述べることは、先ほど言いましたように、禁じられております。

私個人の意見が封じられるなら大した問題にないのですけれども、実は多くの弁護士や裁判官や研究者等々の、知財の専門家に対して議論をする場、あるいは議論をする時間が全く与えられていないということが最大の問題だと考えております。

（中略）

五月にこの本部会でも申し上げましたけれども、事務局はあくまでも本部の事務局でありまして、事務局自体が特定の見解、特定の案に固執するとか、特定の本部員を排除して、政治家や財界のトップと話し《ママ》をつけて決着をするというたぐいのものではないと私は考えております。時間の関係でこれ以上詳しいことは申し上げませんけれども、とにかく急ぐだけが能ではないわけでありまして、各界に十分議論をする機会と時間というものを与えてほしいと思います。

私にとって、先ほど言いましたように発言の機会は今日しかないわけであります。したがいまして、私としていたしましては、重大な決意を持って申し上げているわけでありまして、総理としても、重みを持って受け止めてもらえれば幸いでございます。(28)

「戦略本部」の事務局を、中山は「余りにも独善的」と非難した。その事務局を仕切っていたのは、荒井寿光・知的財産戦略推進事務局長（一九四四―）だった。荒井は通産官僚の出身で、「知財評論家」を名乗るプロ・パテント、プロ・コピーライト論者として著名な人物である。保護と利用のバランスを重視する中山とは、立場がかなり違う。自分を排除するように荒井が仕切ったと、中山は首相に直訴したのに等しい。

この中山の発言をめぐって、「戦略本部」の会合で議論されることはなかった。いや、少なくとも記録に残る形での議論はなかった、といったほうが正確かもしれない。しかし、野党議員のなかには、中山発言を国会で取り上げる者もいた。二〇〇四年四月二八日の衆議院法務委員会で、民主党の吉田治（一九六二―）が「戦略本部」の事務局の姿勢を問い正したのだ。政府参考人として呼ばれていた荒井は、「今の御指摘の点をよくまた胸に入れまして、今後とも的確な事務局の運営がなされるように努力をしてまいりたいと思います」[29]と、無難な答弁で乗り切った。

荒井は二〇〇六年一一月に退任するまで事務局長を務め、その任は元特許庁長官の小川洋（一九四九―、在任二〇〇六年一一月―〇七年一一月）、元文化庁次長の素川富司（在任二〇〇七年一一月―〇九年七月）、前経済産業省商務情報政策局長の近藤賢二（一九五四―、在任二〇〇九年七月―）と引き継がれている。中山発言のあと、事務局の体質が変わったのかどうかは、資料がなくてわからない。

アメリカからの要望書

ここまでは、著作権法をめぐる国内に閉じたダイナミクスをみてきた。ところが、日本の著作権法の改正に、アメリカ政府からの指示があると指摘するひともいる。

「日米規制改革および競争政策イニシアティブに基づく要望書」という聞き慣れない外交文書がある。略して「年次改革要望書」と呼ばれている。これは日米の両政府が相手に対して出す注文や意見をまとめたものである。毎年一〇月ころに要望書を交換し、それを検討した結果が翌年の六月ころに両国の首脳に対して報告されていた。

もとをたどれば、「年次改革要望書」を交換することは、一九九三年に当時の首相の宮澤喜一（一九一九―二〇〇七）とアメリカ大統領のビル・クリントン（一九四六―）の会談で決まったものである。二〇〇一年以後に交換された要望書は、在日アメリカ大使館と日本の外務省のウェブサイトから公開されている。公開文書をみた限りでは、自民党から民主党へと日本の政権が交代するまえの〇八年まで、要望と報告が継続してなされていたようである。

「年次改革要望書」には、将来の日本で起こることが書かれてあったというひともいる。ここでアメリカから要望されたことの多くが日本で実施されたり、実施が検討されたりしてきたから

（28）http://www.kantei.go.jp/jp/singi/titeki2/dai6/06gijiroku.html

（29）http://www.shugiin.go.jp/itdb_kaigiroku.nsf/html/kaigiroku/000415920040428021.htm

だ。じっさい、郵政民営化、人材派遣の自由化、特殊法人の民営化、法科大学院の設置など、二〇〇〇年代の日本社会の象徴的な出来事は、アメリカからの「年次改革要望書」に書かれてあった。

逆に、日本からの「年次改革要望書」をみると、アメリカへの入国や在留手続きにかんすること、ダンピング防止法の廃止、特許を先発明主義から先願主義へと変えること、メートル法の採用などが要望されている。日本からの要望のうち、国際的な非難を浴びていたダンピング防止法の撤廃は実現したが、アメリカ社会に大きな影響をおよぼしかねないものについては、ほとんどが継続協議の扱いで、実現していないようだ。

ゼロ年代に起きた著作権法改正やそれに向けた動き、あるいは著作物にからむ新法の制定にも、この「年次改革要望書」との関連がみられる。うわべだけをみれば、アメリカからの要望にしたがって国内法が整備されていったかのようにみえることもある。

じっさい、著作権法に関係したことのうち、ほぼ「年次改革要望書」のとおりに実現したことに、映画盗撮防止法の制定（二〇〇七年八月施行）、違法な音楽・動画ファイルのダウンロード違法化（二〇一〇年一月施行）がある。いっぽう、「年次改革要望書」で要望されたにもかかわらず、日本ではまだ完全に実現していないことに、著作権保護期間の延長と非親告罪化がある。

日本の著作権法やコンテンツ保護にかんする法律は、ほんとうにアメリカの指示で変えられているのだろうか？　それを検証してみよう。

映画盗撮防止法再考

映画盗撮防止法については、二〇〇六年一二月五日に発表されたアメリカからの要望書に、「海賊版ＤＶＤ製造に利用される盗撮版の主要な供給源を断ち切るために、映画館内における撮影機器の使用を取り締まる効果的な盗撮禁止法を制定」してくれと書かれてあった。〇六年一二月の要望書に書かれたことが、翌年五月には法律になって公布されている。まるでアメリカの指示どおりに、日本の国内法が整備されたかのようにみえる。〇七年六月六日に公表された日米両首脳への報告書をみると、「著作権法の罰則の適用により、私的使用目的の場合についても、映画館における音声・影像の録音・録画行為の処罰を可能にすることを定める法律案が二〇〇七年五月二三日に国会で可決された」と、アメリカの要望に日本政府が迅速に対応したこと、対応させたことをほこるかのような文言がみられる。

これは「アメリカにしたがう日本」という、とても単純な構図にもみえるのだが、事実関係をみれば事態は少し入り組んでいるようだ。前章で触れたように、映画盗撮防止法の発端は、二〇〇六年九月六日に自民党の知的財産戦略調査会で角川歴彦が法制定を要望したことである。これは「年次改革要望書」の公表時期よりも三ヶ月ほど早い。ということは、国内の業界の要望とアメリカからの「年次改革要望書」とが、何らかの連携を持って動いていたと考えるのが自然だろう。やはり「年次改革要望書」は一方的な押しつけではなく、日本の映画業界がやりたいことを、アメリカから後押ししてもらう意味を持っていたのではないだろうか。

映画盗撮防止法を作れという事項は、二〇〇六年一二月の「年次改革要望書」にとつぜんあらわれ、翌年五月には法案が可決されている。アメリカからのほかの要望事項は、解決されるまで数年にわたっておなじことが繰り返し記載されていることを考えると異例の早さだ。これはむしろ、アメリカから要望されて法律を作ったとは考えないほうがしっくりくる。国内での法制定の動きをアメリカ側が察知したか、あるいは何らかのルートで日本側から情報を流して、アメリカからの「年次改革要望書」に入れてもらったとみるほうが、やはり自然である。

先にも述べたように、映画盗撮防止法は日本だけではなく、アメリカの映画産業のためにもなる法律である。アメリカ側の国益を守る「年次改革要望書」に盛り込むのに、じゅうぶん値することだ。どうやら、映画館で本編上映のまえに流されている、頭がビデオカメラの男のパントマイムの背後には、日米の巨大資本が手を携えている姿が隠されているといえそうだ。

ダウンロード違法化も、ほぼ「年次改革要望書」のとおりに実現したかのようにみえる。著作物の私的使用の範囲の見直しについては、二〇〇四年の要望書にあらわれている。これは国内での議論が活発化する〇六年よりも確かに早い。その文言は、「私的利用の例外範囲を明確にし、ピア・ツー・ピアのファイル共有といった家庭内利用の範囲を超える行為を示唆する行為が、権利者の許諾なしには認められないことを明らかにする」となっていて、〇七年までまったくおなじ内容の要望が繰り返されていた。

それが、二〇〇八年一〇月一五日に公表されたアメリカからの要望書では、「日本の著作権法における私的使用の例外が、違法な情報源からのコンテンツのダウンロードには適用されないことを明確にする」と表現が変えられた。次章で詳しくみるように、ダウンロード違法化への流れは〇七年度にはほぼ固まっていた。それを受けて、アメリカ側が要望の内容を変えたとみたほうがいいだろう。ただし、アメリカの要望書では違法コンテンツの種類を問わないでいるのに対して、日本で実現したダウンロード違法化は録音録画に限定されたものだった。

保護期間延長問題のはじまり

「年次改革要望書」への記載が、国内での議論よりも一部先行していたとみられるケースのひとつに、著作権保護期間の七〇年延長問題がある。二〇〇二年の要望書には、「一般的な著作物については著作者の死後七〇年、また生存期間に関係のない保護期間に関しては著作物の公表後九五年という、現在の世界的な傾向との整合性を保つよう、日本の著作権保護期間の延長を行う」と、アメリカ側から要望されていた。同様の表現は、〇七年の要望書までつづいた。

国際的な動向との調和をはかる観点から、日本の保護期間も欧米並みに長くしてはという議論は、一九九九年の著作権審議会第一小委員会でも出ていた。しかしその報告書では、「現時点においては直ちに延長すべきとする結論には至らなかった」[30]とまとめられた。

二〇〇二年当時、映画の著作物は公表後五〇年間保護されていた。映画の著作権の保護期間を公表後七〇年に延長してくれという要望は、〇二年七月三〇日に開かれた文化審議会著作権分科会法制問題小委員会の場で、専門委員の福田慶治（日本映画製作者連盟常務理事・事務局長）があらためて出していた。〇二年一〇月の「年次改革要望書」よりもやや早い時期に、国内での議論はふたたびはじまっていたことになる。国内の映画製作者からの要望は七〇年間の保護、アメリカからは九五年と開きはあるものの、映画の著作物の保護期間をプラス二〇年延長した改正著作権法は、〇四年一月に施行された。

このように、映画の保護期間延長についても「年次改革要望書」に先行して法改正が進められたとみられる。しかし、一般的な著作物の保護期間も七〇年にしてほしいという要望は、二〇〇三年六月に映画の保護期間の延長が国会で議決された直後の、〇三年九月の法制問題小委員会あたりから出はじめている。つまり、一般的な著作物の保護期間延長については、国内での議論よりも「年次改革要望書」のほうが確かに先行していたことになる。「知的財産推進計画二〇〇四」には、映画以外の著作物の保護期間について、「必要に応じ、著作権法の改正案を国会に提出する」と書かれ、延長はなかば規定方針になりつつあった。要望書に対する〇五年一一月の日本政府からの回答にも、つぎのことが書かれてある。

日本国政府は、著作権保護期間延長について、国際的な動向や権利者・利用者間の利益の均衡を含む様々な関連要因を考慮しつつ検討を続け、二〇〇七年度までに著作権保護期間の在り方について結論を得る。

そして事実、二〇〇七年度までに結論を得るべく、文化庁は〇七年三月に「過去の著作物等の保護と利用に関する小委員会」を立ち上げた。三月三〇日の第一回委員会で文化庁側が出した背景説明の資料には、「年次改革要望書」でアメリカが延長を要望していることが、はっきりと書かれてある。(31)

それに先立つ二〇〇六年九月には、日本文芸家協会をはじめとする一六の権利者団体が、保護期間を七〇年にするよう声明を出していた。それとほぼ同時に、保護期間の安易な延長に反対する市民運動も巻き起こった。〇六年一一月には、弁護士の福井健策(一九六五—)とITジャーナリストの津田大介(一九七三—)が中心になって、「著作権保護期間の延長問題を考える国民会議」(現「著作権保護期間の延長問題を考えるフォーラム」)が作られ、権利者側を招いた公開討論をたびたび開催した。

同小委員会は、権利者だけでなく利用者も含む立場の異なる幅広い層からの公開ヒアリングを実施した。最終的には意見集約にはいたらず二〇〇九年一月の報告書は、「著作権法制全体とし

(30) 著作権審議会第一小委員会『著作権審議会第一小委員会　審議のまとめ　抜粋』一九九九年一二月、一二頁。

(31) http://www.mext.go.jp/b_menu/shingi/bunka/gijiroku/021/07040204/004.htm

て保護と利用のバランスの調和の取れた結論が得られるよう、検討を続けることが適当である」[32]と結ばれた。

保護期間延長の議論では、ユーザーを巻き込んだオープンな議論が展開され、既定路線のように思えた延長が覆った。著作権法制に多様な層の意見を反映させることができたという点で、これは画期的な出来事だった。権利者側の委員であるはずのコンピュータソフトウェア著作権協会専務理事・事務局長の久保田裕（一九五六―）と平田オリザに加えて、一委員として参加していた中山信弘が延長に慎重な意見を出したことも大きかった[33]。

映画以外の一般的な著作物の保護期間延長は、「年次改革要望書」のとおりには実現しなかった。二〇〇八年七月の日本側からの回答書では、「著作権保護期間延長について、国際的な動向や権利者・利用者間の利益の均衡等の関連要因を考慮しつつ時宜を得た方法で検討を継続し、その審議プロセスに関する最新情報を米国に提供する」と、延長も延長のための審議も約束しない表現に変えられた。

非親告罪化はどうなのか

「年次改革要望書」に早くから記されていながら実現しなかったことに、著作権法違反の非親告罪化もある。第1章に書いたように、親告罪とは被害を受けたひとが告訴しなければ公訴を提起できない罪をいう。

著作権法違反は親告罪なので、警察が一方的に取り締まって逮捕しても、被害者が告訴していなければ、侵害者を裁判にかけることができない。これを見直して非親告罪にしてほしいというアメリカ側からの要望が、二〇〇六年一二月五日に出された「年次改革要望書」にある。そこでは「起訴する際に必要な権利保有者の同意要件を廃止し、警察や検察側が主導して著作権侵害事件を捜査・起訴することが可能となるよう、より広範な権限を警察や検察に付与する」という文言になっている。これに対する〇七年六月の日本側からの回答には、「日本国政府は、著作権侵害罪について、公訴する際の被害者（権利者）の告訴要件が著作権侵害罪を訴追する際の実質的な障害となり得るかなどを含め、捜査・起訴のための適切な制度の在り方について検討を継続し、二〇〇七年度末までに一定の結論を得る」とある。

非親告罪化については、一九九九年一〇月に出された「著作権審議会第一小委員会専門部会（執行・罰則等関係）報告書」には、「今後の侵害行為の態様等に留意しながら、引き続き検討する」と書かれてある。このとき一度、非親告罪化を検討したが結論にはいたらなかった。[34]

二〇〇六年一一月一七日に開かれた政府の知的財産戦略本部・知的創造サイクル専門調査会の場で、知的財産戦略推進事務局次長の藤田昌宏（一九五四―）が、著作権法違反の非親告罪化を

（32） http://www.bunka.go.jp/chosakuken/singikai/hogo/07/pdf/shiryo_02.pdf
（33） 著作権保護期間延長問題の推移については、田中辰雄・林紘一郎編『著作権保護期間――延長は文化を振興するか？』勁草書房、二〇〇八年を参照のこと。

ふたたび検討課題にあげた[35]。それは時期でいうと、「年次改革要望書」の公表とほぼ同時である。政府部内で暖められていた構想がそのまま要望書に書かれるという構図が、ここにもみえ隠れする。

非親告罪化を提案した理由は、海賊版の取り締まりをスムーズにするためだった。権利者が中小企業だと、訴訟コストを考えて告訴を差し控える傾向があり、それが海賊版をはびこらせる結果につながっている。国際的な組織犯罪を撲滅するために、著作権法違反を非親告罪にして捜査機関が公訴を提起できるようにするべきだというのだ。ちなみに、特許権、実用新案権、意匠権、商標権などの侵害は、すでに非親告罪になっていた。

海外産の海賊版の取り締まりが主目的だといっても、非親告罪化の提起は国内の著作者たち、とくに模倣やパロディを得意とするマンガ同人誌の世界に波紋を広げた。当局が同人誌を取り締まるための、新たな口実を与えかねないと危惧されたからだ[36]。

非親告罪化は、二〇〇七年三月からはじまった同年度の著作権分科会・法制問題小委員会の主要な議題になった。しかし審議の結果は、「著作権等侵害行為の多様性や人格的利益との関係を踏まえ、一律に非親告罪とすることは適当ではなく、……非親告罪とすることについては、社会的影響等を見極めつつ、慎重に検討すべき[37]」とされた。

以上の事実をまとめると、どうやら「年次改革要望書」の影響を過大評価することは危険なようだ。法の制定や改正をしたいひとびとは、おなじことをアメリカからも要望してもらえば、それを後ろ盾として利用できる。アメリカ側にしても、もともと日本国内に動きが起きていることを要望に入れておくほうが楽だ。法の制定や改正が実現すれば、それをアメリカ外交の成果にカウントできる。日米を問わず官僚機構というものは、そういう手管を使って業績を稼ぐものだろう。

(34) 著作権審議会第一小委員会専門部会（執行罰則等関係）『著作権審議会第一小委員会専門部会（執行・罰則等関係）報告書』一九九九年一〇月、一九頁。
(35) http://www.kantei.go.jp/jp/singi/titeki2/tyousakai/cycle/dai8/8gijiroku.html
(36) マンガ編集者の竹熊健太郎（一九六〇―）は、この問題を早くからブログで話題にしていた。http://takekuma.cocolog-nifty.com/blog/2007/05/post_b72f.html
(37) http://www.mext.go.jp/b_menu/shingi/bunka/gijiroku/013/08012513/007.htm

第4章　ダウンロード違法化はどのようにして決まったのか

補償金制度見直しの鬼子

前章では著作権法の変えられ方と、そこに働いているダイナミクスの概略をみた。つぎに、ひとつの法改正が合意された過程を具体的に検証してみたい。

すでに述べたとおり、二〇一〇年一月一日施行の改正著作権法によって、著作権を侵害した音楽や動画ファイルを、それと知りながらネットからダウンロードするだけで違法になった。ネット・ユーザーにはかなりのインパクトを持つ法改正だったのだが、どのようにしてそう決められたのかまでは、あまり知られていない。著作権法の改正がどのように行われるのか、その一例として、ダウンロード違法化の経緯をつぶさに追ってみよう。その先にみえてくるのは、「私的録音録画補償金制度」の抜本的な見直しを求められていた委員会が、業界の利益代表委員の綱引きによって決裂するなかで、委員会の本来の目的とは違う「鬼子」としてダウンロード違法化が合意されるという、何とも奇妙な流れである。

著作権法の第三〇条には、著作権がおよばない「私的使用のための複製」とは何かが書かれてある。私的使用のための複製とは、「個人的に又は家庭内その他これに準ずる限られた範囲内において使用することを目的とする」複製のことである。この規定があるおかげで、個人や家庭の範囲での複製は自由にできる。

とはいっても、家庭の範囲でもしてはいけない複製が、第三〇条第一項に書かれてある。第一に、「公衆の使用に供することを目的として設置されている自動複製機器」によるコピーはダメだ。かつては、ビデオやCDを高速に複製する装置を設置し、客にダビングさせる商売があったのだ。もちろん、一九八五年一月一日施行の改正著作権法でこの禁止条項が追加されてからは、そういうダビング屋さんはみかけなくなった。

第二に、「技術的保護手段の回避」によって行う複製はダメと書かれてある。コピー・プロテクト破りは、家庭内でも違法ということだ。では借りてきた映画のDVDを、雑誌の付録についているようなDVDコピーソフトを使ってダビングするのはどうなのだろうか？　市販DVDの映像は、暗号化されているものがほとんどである。その暗号を解除してダビングする行為は、法に触れるような気がする。この点については、DVDの暗号化は「アクセス・コントロール技術」であって「コピー・コントロール技術」ではないので、著作権法が禁じる「技術的保護手段の回避」にはあたらないとするのが、現在の通説である。

第三〇条の「私的使用のための複製」は、著作物の利用者に与えられた権利だともいえる。一九七一年に施行された当時の現行著作権法では、「私的使用のための複製」は無条件で許されていた。この条項は、著作物が保護一辺倒にならないよう、利用とのバランスを取る重要なものなのだ。その「私的使用のための複製」を制限する条項が、あとから雪だるま式に付け加えられていった。

二〇一〇年一月からは、第三〇条に新しい内容が加わった。「著作権を侵害する自動公衆送信（国外で行われる自動公衆送信であって、国内で行われたとしたならば著作権の侵害となるべきものを含む。）を受信して行うデジタル方式の録音又は録画を、その事実を知りながら行う場合」が、新たに禁止されたのだ。これがダウンロード違法化と呼ばれるものの正体である。

ここで、よく注意して条文を読んでみよう。第三〇条はあらゆる種類のメディアの複製のなかで、何が私的複製なのかを定めている。ところが、この新しい条文だけは、自動公衆送信、つまりネットにアップロードされたものを受信した「録音又は録画」に限った規制になっている。違法ファイルのダウンロードは、音楽や動画だけが禁止されたのであって、書籍やコンピュータ・ソフトまでは含まれていない。それはなぜなのだろうか？

第三〇条の第二項には、私的録音録画補償金制度が定められている。ここには、デジタルでの録音録画のための機器や記録メディアを使う者は、相当な額の補償金を著作権者に支払わなければならないと決められている。

私的録音録画補償金は、一九九二年に導入された制度だ。これは、デジタル機器で高品質な録音録画ができるようになると、音楽や映画のCDやDVDが売れなくなるという理由で、そのぶんの補償金を機器やメディアに上乗せして消費者から徴収する仕組みである。ただし、どのような機器やメディアに補償金をかけるかは、政令で別に定められる。

ここで記憶に留めておいていただきたいことが、みっつある。第一に、「私的使用のための複製」は利用者の権利であって、利用者は権利者の「お目こぼし」にあずかっているのではない。第二に、補償金制度はデジタル時代に対応するために、現行著作権法が施行されてから三一年後に追加された制度であって、「私的使用のための複製」と補償金は一対のものではない。アナログ機器の時代でも、コピーをいくらでも作ることができたが、補償金制度はなかった。補償金は、劣化のないデジタル機器で私的に「際限なく」コピーされてしまうことへの補償なのだ。第三は、「私的使用のための複製」からはずされたことは、家庭内での行為であっても違法になる。もちろん、「私的使用のための複製」にあたらない違法行為は、補償金の対象にはならない。補償金は、違法行為に対する補償ではないからだ。

二〇〇六年一月の文化審議会著作権分科会の報告書によると、徴収された録音補償金の分配は、日本音楽著作権協会（JASRAC）が三六パーセント、日本芸能実演家団体協議会（芸団協）が三二パーセント、日本レコード協会（RIAJ）が三二パーセント、録画補償金のほうは日本民間放送連盟（民放連）などの映像制作社が三六パーセント、JASRACが一六パーセント、日本脚本家連盟などの書き手の団体が一六パーセント、芸団協が二九パーセント、ＲＩＡＪが三パーセントとなっている。

補償金の徴収額はというと、録音のほうは二〇〇〇年度の三八億四四〇〇万円をピークに減少をつづけ、〇四年度には一九億二二〇〇万円になっていた。いっぽうの録画補償金のほうは順調に伸びていて、〇四年度には一八億五七〇〇万円である。いちばん分配率の高いＪＡＳＲＡＣだけでみるならば、ピークの二〇〇〇年度には録音録画を合わせて一四億円あまりの補償金を受け取っていたことになる。

さて、その補償金の使途だが、著作権法第一〇四条の規定により、二〇パーセント相当額は「共通目的事業」として著作権の保護にかんする事業のために使うことになっている。残りは著作権者に分配されているのだが、使途は消費者にはみえにくい。そういう不透明さが、補償金制度への批判を高める一因になっている。

二〇〇六年一月の著作権分科会の報告書には、補償金制度をめぐる諸課題として、つぎのようなことが書かれてある。第一に、現在の制度では自分に著作権があるものや、著作権が切れているものを録音録画する場合でも補償金を支払うことになってしまう。第二に、他者の著作権がおよばない作品だけを録音録画することを購入者が実証すれば、補償金は返還されるのだが、手間の割に返還額が少ないため実効性がない。第三に、パソコンなどの汎用的な機器でも私的な複製はできるが、これに補償金をかけると録音録画にパソコンを使わないひとにも負担を強いることになってしまう。第四に、権利者への分配はコンテンツ使用量の推計値に頼っているため、必ずしも実態にそくしたものになっていない。第五に、自分で買ったCDやコンテンツ配信サービスで購入したものを録音録画するのにも補償金を払うのは、権利者の二重取りではないかということ。第六に、補償金制度が消費者に知られておらず、機器やメディアの購入のときにこういうお金を負担していることが、ほとんど了解されていないことである。

私的録音録画補償金に問題があることは、制度ができた当初から専門家のあいだでは知られていた。消費者は問題だらけの補償金を支払わされてきた。いや、支払っているという事実すら、ほとんど知らされずにいた。

私的録音録画補償金制度については、知的財産戦略本部の最初の行動計画「知的財産の創造、保護及び活用に関する推進計画」(知的財産推進計画の前身、二〇〇三年)のなかで、「関係者間協議の結論を得て、二〇〇四年度以降必要に応じ同制度の改正を行う」と、すでにうたわれていた。さらに、「知的財産推進計画二〇〇五」では、「私的使用目的の複製については……範囲の明確化などに関して検討を行い、二〇〇七年度までに結論を得る」と、期限が切られていた。

これを受けて、二〇〇五年度の文化審議会著作権分科会の法制問題小委員会で、補償金制度のことが議論された。結論は、補償金制度の廃止も含めた抜本的な見直しをすべきということだった。ちなみにｉＰｏｄは、この委員会での議論によって、音楽鑑賞だけのためのものではない汎用機器と認定されたため、課金は見送られることになった。

法制問題小委員会の提言を受けて、この問題を専門的に議論する私的録音録画小委員会が、二〇〇六年に新しく設けられた。ダウンロード違法化の法改正は、実質的にはこの委員会で決められた。そして、審議の場が録音録画の委員会だったことが、ダウンロード違法化が音楽や動画に限定されることになった理由である。

ここで、私的録音録画小委員会の委員の所属と名前をみておこう。

青山学院大学→中央大学　松田政行
イプシ・マーケティング研究所　野原佐和子（〇七年度から）
慶應義塾大学　小泉直樹
ジャーナリスト　津田大介
主婦連合会　佐野真理子→河村真紀子（〇七年度から）
情報セキュリティ大学院大学→駒澤大学　苗村憲司
電子情報技術産業協会（ＪＥＩＴＡ）亀井正博
電子情報技術産業協会（ＪＥＩＴＡ）河野智子→長谷川英一（〇八年度から）
東京大学　大渕哲也
東京大学→西村あさひ法律事務所　中山信弘
東京大学　森田宏樹

日本映画製作者連盟　華頂尚隆
日本音楽作家団体協議会　小六禮次郎
日本記録メディア工業会　井田倫明
日本芸能実演家団体協議会（芸団協）　椎名和夫
日本放送協会（ＮＨＫ）　荒巻優之→石井亮平（〇七年度から）
日本民間放送連盟（民放連）　森忠久→大寺廣幸（〇七年度から）
日本レコード協会（ＲＩＡＪ）　生野秀年
一橋大学　土肥一史
法務省　筒井健夫（〇七年度から）

発足時の色分けをみると、学者が七名（松田、小泉、苗村、大渕、中山（主査に就任）、森田、土肥）、権利者団体から六名（華頂、小六、椎名、荒巻、森、生野）、メーカー団体から三名（亀井、河野、井田）、利用者としての立場が二名（津田、佐野）である。

一見して、あきらかにバランスが悪い。とくに利用者側の立場から発言する委員が少な過ぎる。とりわけ、ネット・ユーザーの立場を代弁できそうな委員は、津田大介ひとりという状態だった。委員がどのように選ばれたのかはあきらかでないが、メンバーが決まった時点で委員会の流れもほぼ決まっていた、といってはいい過ぎだろうか。

この委員会は当初は二〇〇六年四月から二年間のはずだったが、結論をまとめきれずに予定を越えて、〇八年一二月まで二年八ヶ月間も審議をつづけた。その膨大な議事録から審議の概略を追ってみよう。(38)

論戦のはじまり

二〇〇六年四月六日、経済産業省別館の一室で、私的録音録画小委員会の第一回会合が開かれた。事務局指名で東京大学教授の中山信弘が主査に指名され、異議なしで了承された。中山は法制問題小委員会の主査でもあり、この小委員会の設置にいたる経緯にも通じていた。「短期的な利害関係を乗り越えて、文化の発展にとって好ましい制度を議論してほしい」——中山は開口一番、私的録音録画についての抜本的な改革、補償金制度の廃止や骨組みの見直しをするのだと抱負を述べた。もちろん、この時点でダウンロード違法化だけを落としどころにすることは、中山の念頭にはなかっただろう。

審議の公開が了承され、傍聴者が入場する。つづいて文化庁次長・加茂川幸夫(一九五一—)のあいさつ、著作権課長・甲野正道による趣旨説明が行われた。自由討論に入って最初に発言し

(38) 議事録は各省庁のウェブサイトから公開されているものを使用した。引用元のアドレスをすべて注記すると、版面があまりにも繁雑になるため割愛した。

たのは、ＲＩＡＪ専務理事の生野秀年《はえの》だった。生野は、六月の第三回委員会で私的複製の範囲を狭めることを強く主張し、ダウンロード違法化への流れを作る人物である。また生野は、委員会に先立つ二〇〇五年三月にＪＡＳＲＡＣとともに記者会見し、ファイル交換の個人ユーザーの提訴も辞さない強硬な姿勢をアピールしていた(39)。違法ファイルのダウンロードの撲滅に情熱を燃やしていたのだと思われる。その生野はこういった。

検討の進め方に関してなのですが、この小委員会で検討することに関連して、法制問題小委員会での「私的使用目的の複製の見直し」に関する検討がテーマとして挙げられていると思うのですが、ここで検討する事項というと、当然、三〇条一項との関係を抜きに考えられない。この辺のやりとりといいますか、どういう形で検討されるのか、教えていただきたいのですが。

著作権法第三〇条第一項とは、私的使用のための複製の範囲を定める条項のことである。いきなりこう切り出したことをあとからみれば、違法ファイルのダウンロードを私的複製から除くことをこの委員会で審議してほしいと、生野は願っていたのだと思われる。

私的複製でなくなったことは、補償金の対象にはならない。かりに補償金を取ろうとしても、違法ファイルのダウンロードという行為を正確に把握することはできないので、課金のタイミングや方法、金額を決めることは相当に難しい。補償金などはいらないから、違法ファイルのダウンロードそのものを違法行為にしてほしい、そのほうがCDや適法音楽配信の売上増になって、音楽産業には利益が大きいというのが生野の立場だ。

生野の発言に対して甲野は、「ここは私的録音録画ということでございますので、録音録画に関してご議論いただければと思っております」といい、私的複製全般にわたることは、法制問題小委員会の担当になると答えた。

つぎに発言したのは、電子情報技術産業協会（JEITA）の著作権専門委員会委員長の亀井正博だった。JEITAは電子情報機器会社の団体なので、亀井の発言は機器メーカーの利害を代表している。その亀井は、生野とおなじく著作権法第三〇条第一項に関心を示した。亀井の頭にあったのは、テレビのデジタル放送からのダビングと補償金の関係だったと思われる。このころデジタル放送には、「コピー・ワンス」というコピー・コントロールがかかっていた。コピー・ワンスでは、録画した番組は別のメディアに移動（ムーブ）することしかできず、複製を作ることができなかった。そのためムーブの最中に停電すると、録画データが消えてしまうトラブルが起こり、ユーザーのブーイングを浴びていた。

そのコピー・ワンスを緩和すべきかどうかについて、総務省の委員会では、機器メーカーと放送局・権利者のあいだで論争が起きていたのだ。補償金は、私的複製と称して高品質なコピーが

(39) http://internet.watch.impress.co.jp/cda/news/2005/03/31/7076.html

場だった。

無秩序に作られてしまうことへの補償である。だから、コピー・ワンスを緩和しても、技術的な保護手段が講じられている限り、機器に補償金を課すのはおかしいというのが、ＪＥＩＴＡの立場だった。

ＪＥＩＴＡからはもうひとり、著作権専門委員会副委員長の河野智子も委員に選ばれていた。河野もまた、技術的な保護手段がかかっている複製の法的な位置づけを、ぜひ議論したいとたたみかけた。中山主査は、この問題は法制問題小委員会と重なるが、そちらをにらみつつ議論することにならざるを得ないと答えた。デジタル放送のコピー・ワンス緩和と補償金の問題を避けて、この委員会を進めることは無理な状況だった。

つづく発言者は、芸団協の椎名和夫だった。椎名は昨年までの法制問題小委員会でｉＰｏｄへの補償金の課金が見送られたことへの悔しさをにじませながら、「私的録音が行われていることが権利者にどのような影響を与えているかということを総合的に判断して、制度の設計をし直す案になればいいなというふうに思っております」と述べた。

第一回委員会の冒頭の穏やかなやりとりのなかに、私的録音録画小委員会の二年八ヶ月にわたる激論の構図が設定されている。つまり、デジタル放送録画機器に補償金をかけたくないＪＥＩＴＡから来ている亀井と河野、補償金の範囲を広げたい椎名をはじめとする権利者側、ダウンロード違法化を実現したい生野といったひとたちが、議論をリードしたのである。

つづいて主婦連合会事務局長の佐野真理子が、技術の現状を知るためにヒアリングをしたいと、短い要望を出した。そこで委員からの発言が途絶えたが、中山と甲野にうながされて、全員が順番に意見を開陳することになった。そのなかから興味深い発言を、いくつか拾っておこう。

ＪＥＩＴＡの亀井は、技術は文化と二項対立なのではなく、技術も文化のひとつだといった。コピー技術のせいで文化が衰退するかのようないわれ方に対する、亀井なりのささやかな反論である。日本音楽作家団体協議会理事長の小六禮次郎（一九四九－）は、権利者の一方的な論理とは違うことを発言している。クリエイターはコンテンツの利用者でもあるのだから、「絶対にコピーしちゃいけないとか、あるいは、権利確保のためには逐一課金してくれというようなことを、考えてはいません。なぜならば、それをすると不便になる。私たちそのものが不便になってしまうからです」と小六はいう。椎名もまた、自身がギタリストであり、私的録音のヘビー・ユーザーだと告白している。ユーザーの視点は、自分にだってあるのだといいたかったのだ。

ジャーナリストの津田大介は、技術的な保護手段を過度にかけてしまうと、ユーザーが逃げてしまって業界のためにならないこと、そして安価な補償金でユーザーの欲求が満たされるのならば、補償金という制度は消費者のためになるのではないかと述べている。津田は、ダウンロード違法化に慎重な立場から、孤独な闘いをすることになる人物である。だがこの時点では、議論の方向性を中立的に眺めようという姿勢がうかがえる。

このようにして委員全員が発言したところで、第一回の委員会は閉じられた。

数字の信ぴょう性

第二回委員会は五月一七日に行われた。この日は、私的録音をめぐる実情の変化について、文化庁著作物流通推進室長の川瀬真が説明した。各種の統計が示されたが、それらは文化庁が独自に調査したものではなく、権利者団体の資料を引用したものだった。その手の資料は中立的なものとはいいがたい。権利者が公表する資料だから、権利者側の主張に有利な統計が盛り込まれやすい。

一例をあげてみよう。川瀬が説明した資料のなかに、二〇〇四年の一年間にファイル交換ソフトでダウンロードされた違法音楽ファイルは、一億九〇〇〇万あったとの推定結果が大きく書かれてある。これは、コンピュータソフトウェア著作権協会（ＡＣＣＳ）とＲＩＡＪが共同で調査した結果を引用したものだ。数字の根拠は、ファイル交換ソフトの「現在利用者」が約一二七万四千人、その「現在利用者」が過去一年間にダウンロードした音楽ファイルは平均九五・二ファイル、その九〇パーセントに著作権があるというものだ。これらの数字を掛け合わせると一億九〇〇〇万という値になる。

この種の社会調査では、サンプルがランダムに選ばれていることが、絶対に必要な条件になる。ＡＣＣＳから公表されている調査結果をみると、調査はＷＥＢアンケート・サイトを作って実施したとあるが、肝心のサンプルの選び方については何の言及もない(40)。これは、社会調査の原則かちすれば、調査結果に信ぴょう性のないことを白状しているようなものだ。

またアンケートの常として、聞かれていることに関心がないひとは答えない。この場合、ファイル交換ソフトを使ったことがあるひとが回答を寄せる傾向があるので、有効回答数二万六一三三のうち「現在利用者」が七〇五人だったから、総インターネット・ユーザーのなかにおなじ割合で、ファイル交換ソフトの「現在利用者」がいることにはならない。それにもかかわらず、この調査では二万六一三三分の七〇五にインターネット総利用者数の推計値である四七一八万九千人をかけて、日本中にいるファイル交換ソフトの「現在利用者」数を約一二七万四千人とはじいている。

ひとりの「現在利用者」が、過去一年間にダウンロードした音楽ファイル数の推計値として、アンケートの結果から得られた九五・二という平均値を使っていることにも問題がある。平均値というものは、特別に大きな値が少し紛れ込むだけで、そちらの方向へと引っ張られてしまう。したがって、母集団の特質をより正確に知るためには、値の分布をみなければならない。これは統計処理の基本中の基本だ。逆にいえば、分布の情報を消し去って平均値が使われていたら、そこには特別な意図が潜んでいるかもと疑ってみる必要がある。

さて、ACCSから公表されている調査結果をみると、ファイル交換ソフトの「現在利用者」のうち、二〇〇五年の一年間に音楽ファイルをダウンロードしたひとは、「なし」が三二・六パ

(40) http://www2.accsjp.or.jp/activities/pdf/p2psurvey2005.pdf

ーセント、一―二〇ファイルが二九・九パーセント、二一―五〇ファイルが一五・五パーセント、五一―一〇〇ファイルが一〇・二パーセント、一〇一ファイル以上が一一・八パーセントになっている。この分布で平均が九五・二ファイルというのはどうも不自然である。

どうやら、ひとりあたりダウンロード数の平均は、各範囲の中間の値に回答者の割合をかけて求めているようだ。そうだとすると、「一〇一ファイル以上」という回答の中間の値をどう設定しているかが問題である。結果から逆算してみると、「一〇一ファイル以上」は約六六八・三という値を使っていることがわかる。この範囲の中間の値が六六八・三ということは、最高値は一二三五にもなる。つまり、平均して毎日約三・四ファイルを三六五日間休まずにダウンロードしつづける「超ヘビー・ユーザー」が、サンプルに入っている可能性があるということだ。

ヘビー・ユーザーがサンプルに紛れ込んでいると、平均値は高い方向へと引っ張られる。統計処理としては、該当するヘビー・ユーザーが「はずれ値」にあたるか否かを検定し、はずれ値ならば平均値の計算から除外しなければならない。そうすれば「現在利用者」が一年間にダウンロードした音楽ファイル数の平均は、ACCSの推定値よりもはるかに低くなることは、まずまちがいない。しかし、これ以上の精査を可能にするデータは公表されていない。行政が鵜呑みにして政策判断をするには問題ありの調査結果なのだが、ほかに資料がなかったのだろう。とにかく川瀬は、さらりとではあったがこの数字を引用した。

この調査結果をめぐっては、椎名と日本記録メディア工業会著作権委員会委員長の井田倫明とのあいだに応酬があった。椎名は、音楽CDの売上げが一九九八年をピークに落ちつづけているデータに反応した。これはスタジオ・ミュージシャンとしての自分の実感とよく合う、それと反比例してCD―Rメディアが売れてきている、補償金制度はやはり必要だと。

それに反論したのが井田だった。音楽CDの売上げ減は、可処分所得の変化や若者が減っている人口動態のことも考えて総合的に判断するべきだと井田はいった。それに対して椎名は、「数字は数字です。おっしゃることも確かに正しいと思うのですが、この前提として、皆さんご家族、ご自分、CDをPCで焼いてませんか？　ということなのです」と返した。音楽CDをみんなCD―Rに焼いている、ほら、あなたも心当たりがあるでしょうと。

そんなやりとりをしながら、この日は音楽配信ビジネスの現状や、著作権保護技術について専門家からのヒアリングも行われて閉会となった。

論点は何か

六月二八日の第三回委員会では、私的録画をめぐる実情について、前回と同様に権利者側の資料を使いながら川瀬が説明した。それにつづいて、NHKの藤沢秀一がデジタル放送でのコンテンツ保護について技術面の解説をし、論点の整理のために権利者・消費者・メーカーの順で委員の意見が求められた。権利者側の発言者は、小六、椎名、生野、民放連常勤顧問の森忠久、NHKライツ・アーカイブセンター著作権・契約部長の石井亮平、日本映画製作者連盟事務局次長の華頂尚隆の六名である。

小六は、私的複製のすべてをカバーするよう、パソコンから携帯電話、フラッシュメモリ、カーナビにまで課金対象を広げるべきだといった。椎名は、補償金の支払い義務者をユーザーではなくメーカーにするべきだと主張した。私的録音録画の果実をもっとも享受しているプレイヤーは、ユーザーでも権利者でもなくメーカーだというのである。ＪＥＩＴＡの亀井や河野に対する宣戦布告であることは、いうまでもない。

そしてつぎは、ＲＩＡＪの生野の番である。ここで生野は、ダウンロード違法化につながる論点を出した。許される私的複製の範囲を狭めること、なかでも「権利者の許諾を得ずに違法に複製・頒布又は公衆送信されたレコードの複製」は、私的使用が目的でも許容されるべきではないと主張した。

残りの発言者のうち、華頂は音楽複製環境の現状にかんがみ、やはりｉＰｏｄを課金対象にするべきだといった。すでに述べたように、ｉＰｏｄへの課金は、前年の法制問題小委員会で見送られたばかりだった。

消費者の代表として発言したのは、佐野と津田である。佐野は補償金制度が消費者に周知されていないことと、権利者の二重取りなどを主な問題だとした。津田は、音楽ＣＤが売れなくなった原因は、ｉＰｏｄや携帯電話で音楽を聞くスタイルへの移行に主な原因があることや、コピーにはＣＤ購入者を増やすポジティブな要素もあることを指摘した。

メーカー側の発言者は、亀井ひとりだった。亀井の論点は大きくくくればひとつだった。それは、技術的な保護手段が講じられているのならば、補償金は必要ないという主張である。これは逆に、メーカー側から権利者側への宣戦布告である。利害関係者の対立がはっきり浮かび上がったところで、この日の委員会は時間切れとなった。

二〇〇六年七月二七日、関東はまだ梅雨だった。西日本は豪雨にみまわれ、全国的に日照不足と農作物への被害が心配されていた。そんななか、第四回の委員会が経済産業省の別館で開かれた。

この日の会合では、津田の発言をきっかけに、ちょっとした論争が起きた。コピー・ワンスのような強力な保護技術がある録画の世界と、ほとんど無防備な録音の世界とはわけて考えたほうがいいのではないかと津田はいった。それを受けて日本映画製作者連盟の華頂は、録画をめぐる問題にはデジタル・テレビ放送のコピー・ワンスだけでなく、ＤＶＤのプロテクト破りや映画館での盗撮の問題もあるのだといった。

芸団協の椎名は、「コピーワンスというルールがありながら、一方で現在、総務省の委員会で、そこにいらっしゃるＪＥＩＴＡさんがですね、コピーワンスをやめて、ネット送信、ＰＣでコピーフリーにしようというご提案を同時になさっていたりという状況があるわけですよね。そういうものと、補償金制度を考える委員会とは、やっぱりリンクせざるを得ない」と、亀井を挑発した。椎名の考えは、「私的使用のための複製」と補償金は一対のものであり、補償金が取れないのならばその行為を「私的使用のための複製」からはずして、違法行為にしてしまうことも辞さないというものだ。

その亀井は、技術的な問題と補償金のことを一体的に審議する必要はないと返した。椎名は追求した——JEITAは、技術的な保護があるから補償金制度はいらないという裏で、総務省の情報通信審議会では保護を緩めるよう、権利者の不利益になる提案をしているではないかと。それに対して亀井は、総務省での議論はどういうモードで放送を流すのがよいのかということであって、補償金のこととは関係ないと引き下がらない。

映画や音楽・書籍などコンテンツの違いによって消費のされ方も違う。津田にいわせれば、音楽などは友人からCDを借りてコピーしたってぜんぜんかまわない、音楽はそうやって広がってきたのだ。この津田の発言には生野がかみついた。友人から借りたCDをコピーしたら、販売機会が失われるわけだから、それをかまわないとはいかがなものかと。

おなじ権利者側でも、小六は揺れる心情をみせた。友人のCDのコピーのような私的利用に近いものについて、権利者がどこまで制限をかけてよいのか、大いに議論していただきたいといった。小六につづいて椎名は、録音か録画かということではなく、技術的な保護手段が機能しているかどうかで、制度の再構築を考えていくことが必要だと述べた。

私的複製の範囲を定める著作権法第三〇条をいじることに踏む込むべきかどうか、主査の中山は迷った。第三〇条は、録音録画に限った規定ではないので、法制問題小委員会と議論が錯綜する恐れがあるからだ。中山は著作権課長の甲野に確認し、甲野は第三〇条の根本議論をこの委員会でもきちんとすべきと答えた。いったい何が私的複製として許されるのかの、大枠にかかわる議論をするお墨つきをもらったのだ。こうして、違法な音楽・動画ファイルをダウンロードすることを違法化する結論を、この委員会が出しうる条件が整えられた。

第三〇条見直し案の浮上

九月二一日、第五回目の委員会の冒頭で著作権課長の甲野は、論点を整理した資料を示した。そこには、第三〇条の見直しが第一の論点として浮上していた。私的録音録画の範囲をどこで区切るか、他人やレンタル店から借りたものをコピーするのはどうなのか、放送を録画したものはどうなのか、そして違法にネット配信されたものはどうなのか、個々に検討することを甲野と中山はうながした。

口火を切ったのは生野である。生野の考えでは、違法にネット配信されたものはもちろん、他人やレンタル店から借りた音楽CDのコピーも、基本的には許容されないという。つづいて小六が発言する。小六は、他人やレンタル店から借りたものは、厳密にいえば私的にコピーされては困るけれども、現実的には禁止することは難しいという。だが、違法配信ファイルのダウンロードはクロだといった。メーカー側の亀井も、違法ファイルのダウンロードは私的複製でないとしても致し方ないと発言した。椎名の意見は小六と同様だった。違法ファイルのダウンロードを違法化することについては、権利者側とメーカー側は対立しなかったのだ。

　津田は、個別のケースについて白黒をつけても、はたして実効性があるのかと疑問を投げかけた。だがこの時点で津田は、ダウンロード違法化について明確な反対意見はいわなかった。民放連の森は、他人やレンタル店のもののコピーはＯＫだが、違法ファイルはダメといった。日本映画製作者連盟の華頂は、おなじ映像でも放送と映画をいっしょにしてもらっては困る、映画ビジネスの構造からして、たとえ家庭内でもフリーコピーは許せないという。映画業界の華頂の立場は、補償金などいらないから映画の「私的使用のための複製」を禁じてほしい、それができないなら補償金をというものだ。音楽業界の椎名の、私的コピーを最初から許すかわりに補償金をという立場とは微妙に異なる。

　この委員会では、家庭内などでの複製を許すかどうかについては意見がわかれたが、ダウンロード違法化に反対の意見は出なかった。波乱含みの委員会で、唯一みなが合意できることとして、ダウンロード違法化の結論へと前進した会合になった。

　一〇月一七日の第六回委員会は、私的録音補償金管理協会と私的録画補償金管理協会が行った欧州での補償金実態調査と、日本でのデジタル録音録画機器の利用実態調査の概要が報告された。そして、いくつかの種類の私的録音録画を第三〇条の範囲外にした場合の影響評価が事務局から示され、これらについて議論がなされた。

　一一月一五日の第七回委員会で、過去二回の議論を踏まえた第三〇条見直しのまとめ案が、著作物流通推進室長の川瀬から提案された。まず、「他人から借りたCD、DVD等からの私的録音録画」「レンタル店から借りたCD、DVD等からの私的録音録画」「放送からの私的録音録画」については、「制度改正は困難」とされた。いずれの場合も実効性のある規制ができず、これらをクロにしても、違法状態を放置せざるを得なくなるからである。

そのいっぽうで、「制度改正は可能」とされたのが、「違法複製物、違法サイト（ファイル交換によるものを含む）からの私的録音録画」と「適法配信からの私的録音録画」だった。前者については、違法複製物を減らすためにはここにメスを入れる必要があり、しかも著作権保護技術がおよばない分野であることが理由とされた。ただし、新たな留意事項が付け加えられもした。それは、「利用者保護の立場から複製物等が違法に作成されたものであることを知っていた場合に限る」という条件である。この指摘は、これまでの議論にはなかったものだ。違法と知らず利用者がダウンロードしてしまって罪に問われはしないか、文化庁としての懸念を示したのだろう。

後者の「適法配信からの私的録音録画」については、適法配信では利用者の把握もコピー・コントロールもできていて、コンテンツの提供者が認めない複製は困難なうえ、それを私的複製の文脈に置いて補償金をかけると、対価の二重取りになる懸念があった。

まとめ案に対して、青山学院大学教授の松田政行は、他人から借りたもののコピーも違法にするべきだといった。法律のうえではやってはダメなのだと、きちんとアナウンスをする必要があるというのだ。それに対して椎名と中山は、他人のもののコピーを私的複製でないことにしてしまうと、補償金をここから取ることができなくなってしまううえ、実効性のある規制ができないのではと問うた。補償金はあくまで私的複製に対する補償であって、私的複製にあたらない違法行為に対する補償ではないからだ。松田は、規制を強くすればCDが売れる、その金額は補償金で徴収できる額よりもずっと大きくなるはずだという。しかし中山は、規制を強くしたところで他人から借りてコピーすることはなくならず、けっきょく法を守らないひとが増えるだけだと応じた。

亀井と生野は、松田の意見に賛成した。華頂にいたっては、もともとDVDはコピーを禁止しているので、私的複製の文脈からははずしてくれといった。東京大学教授の大渕哲也と小六は、権利者と利用者のバランスの取れた議論をと訴えた。そこに文化庁の川瀬が割って入り、現実問題として友人から借りたもののコピーを禁止したところで実効性は担保できないだろう、それならば補償の制度設計をやり直すことを考えてはどうかといった。しかし生野は、私的複製の範囲を狭くすれば、立法のアナウンス効果とレンタルビジネスの再構築で、著作権者に回るお金はもっと多くなると譲らない。

予定の時間を大幅に過ぎても、議論は収束しなかった。この日のもうひとつの案件だった、補償措置そのものの必要性については、ほとんど議論できずに終わった。

二〇〇六年度の最後となる第八回委員会は、一二月二〇日に開催された。冒頭で海外での私的録音録画と著作権にかんする調査報告と、法制問題小委員会が実施したパブリック・コメントの結果が報告された。パブリック・コメントには、各利益団体からはもとより、四〇〇字の原稿用紙に換算したら一〇〇枚を超える大論文を寄せた個人もいた。この問題に強い関心と専門知識を持つ市民がいることの証しだろう。

文化庁サイドからは、前回の委員会で議論になった第三〇条見直し案の改訂版が示された。前回、「制度改正は困難」「制度改正は可能」と表現されていたことが、それぞれ「制度改正には課題が多いと考えられるもの」「制度改正には課題が少ないと考えられるもの」に表現が後退した。さらに、ユーチューブのような「ストリーム配信」を「違法なダウンロード」から除くことと、罰則を設けないことが事務局提案として付け加えられた。前者については視聴に複製がともなわないと解釈できることを考慮したもの、後者については技術的な保護手段を回避しての複製に罰則がないこととのバランスを取ったものである。これに大渕は、ダウンロードが「その事実を知りながら」、つまり法律用語でいう「情を知って」行われた場合に限ることを付け加えるよう提案した。罰則を適用しないことについては、この議論の火つけ役の生野も賛成した。さらにそのダウンロードが、「情を知って」行われたという限定も必要ではないかという大渕の意見にも、生野は同意した。

このまとめ案に、津田は不満だった。どのケースがよくてどれがいけないといったミクロな議論をしていていいのか、そもそも補償金制度をどうするのかという議論に私的録音録画の範囲の見直しは必要なのか、生野と松田の主張におされて範囲の見直しを前提にすることには「強い抵抗を覚える」といった。中山主査は津田の意見に理解を示しながらも、次年度以後の議論に持ち越すことを提案した。だが、委員会全体としては、ダウンロード違法化には大きな反対はないという雰囲気が支配的だった。

遅れて出された反対

二年目の委員会は、二〇〇七年三月二七日にはじまった。最初に、今後の検討の進め方の案が事務局から示された。それによると、私的複製の範囲は見直すこと、とくに違法複製物・違法サイトからの私的録音録画と、適法配信からの私的録音録画については、制度改正に課題が少ない。当然のこととして、私的録音録画からはずれたものは、補償金の対象にならない。補償措置については、著作権保護技術の内容によっては補償の必要がなくなるのか検討する。また、私的録音録画補償金制度によらずとも、CDのレンタル料に私的なコピーの代金を上乗せしておくなど、利用者との契約により権利者に対価を支払う方法も検討されることになった。

この方針に対して津田は、違法複製や違法サイトからの私的録音録画について、「やはり現状のインターネットの特性を考えると、これが違法になったときに非常に消費者に与える影響というのは大きいのではないか」と、ダウンロード違法化を懸念する意見を、このときはじめて述べた。

津田自身は、第三〇条を見直す必要性を感じていないという。そういう意見のひとは、一八人いる委員のなかの自分だけなのだろうかともいった。それを聞いた椎名は、第三〇条の見直しについてはたいへんな時間を費やしてきて、そのなかでも違法ファイルのダウンロード違法化には反対の声はなかったのに、いまごろになって津田は反対するのかといった。そのほかにも個別のことで委員からコメントはあったが、中山主査は事務局案をもとに議論を進めることを、なかば強引にとおした。

そこに椎名がつぎの火種を持ち出した。補償金を消費者が支払うのは日本だけだ、支払い義務者の見直しもするべきだというのだ。補償金は、消費者ではなくメーカーが支払うべきだというのが、椎名の持論だ。著作物流通推進室長の川瀬は、「制度設計につきましては白紙ベースで考えたいと思います」と、論点として否定はしなかった。

四月一六日の第二回委員会では、ファイル交換ソフト利用実態調査の最新版について、RIAJから参考人として呼ばれた畑陽一郎が説明した。例によって、ダウンロード・ファイル数の推定方法や、WEBアンケートという手法からくるひずみを含んだ結果だった。新任委員で調査会社を経営する野原佐和子が質問し、調査が持つ方法論的な問題点を見事に指摘した。

この調査を踏まえて議論するのかと聞く津田に対し、川瀬はあくまで参考程度だと答えた。そこに津田がつづける。違法ファイルのダウンロードを禁止したら、そのぶん売上げが増えると考えるのはまちがいで、単純に音楽を買わなくなるだけだ、これを犯罪にしてしまうと若いひとが恐がって音楽離れが起きはしないかと。さらに津田は、「僕も昨年の議論に参加していて、これは議論、課題が少ないのかなというふうにわりとぼんやり考えていたところをちょっと僕も反省している」と自己批判をした。そのうえで、違法ファイルをアップロードすることはすでに著作権法で禁止されているので、それでじゅうぶんではないか、ダウンロードまで違法化してしまうと、違法と知らないで罪を犯してしまうひとが増えてしまいはしないかという。

この意見に生野は、適法サイトを示すマークを作って商標登録することを考えていると披露した。中山はマークがなければ違法というのもどうか、これが商標になりえるのかと懸念をいったが、日をあらためて議論したいと生野はかわした。

補償金制度に理はあるのか

五月一〇日の委員会では、レンタル業界からのヒアリングが行われた。補償金によらずとも、利用者との契約により複製の対価を徴収しうるモデルとして、レンタル業の実情を知りたいという意図であった。

ヒアリングに呼ばれたのは、日本コンパクトディスク・ビデオレンタル商業組合（CDVJ）専務理事の若松修（一九五二―）だった。若松は、LP一枚ごとにJASRACに支払う使用料が五〇円なのは、「えいやっ！」で決められたという興味深いエピソードなどを紹介しながら、レンタル料には利用者による複製の対価は入っていないと説明した。もし、複製の対価がレンタル料に入っているのならば、CD―Rなどのメディアに補償金がかけられていると、利用者からの二重取りになる。これはとてもセンシティブな点なのだ。

主婦連合会の河村は、四月二七日にみたCDVJのウェブサイトには、CDレンタルの著作権使用料はユーザーがコピーを行うことを踏まえて決めたと書かれてあったのに、今朝みたらその部分が削除されてあった、それはなぜなのかとたずねた。それに対して若松は、六年前にJASRACと使用料減額の交渉をしたとき、現状ではCD—Rにもレンタル料にも私的複製への補償金が上乗せされていて、これはユーザーからの二重取りだと主張したが、JASRACに一蹴されてしまった、ウェブサイトの情報はそのときのCDVJの主張が残っていたもので、「大変みっともない」から削除したという。

河村はなおもその点を突いて、CDVJとしては二重取りの主張はまちがいだったと認めたのかと聞いた。レンタル料に複製使用料が入っていないことはあきらかだと、RIAJの生野が付け加える。中山は、ユーザーが複製することを前提に、CDVJとJASRACが話し合いをしたのではないのかと疑問をはさむ。それに対する若松の答えを、議事録からそのまま引用しよう。


少なくともJASRACとの間で、JASRACが録音使用料を参酌してという流れの中では、なぜ録音使用料を持ってきたのか。それは逆に私どものほうもそれは聞きましたから、それに対しては借りていった人の多くがやっぱり録音するということなので、これ以外に先例がないということから録音使用料を参酌してという、そういうふうな経緯は確かにありました。

議事録の文章を読むと、残念ながら何がいいたいのかよくわからない。確かなことは、ＪＡＳＲＡＣが二重取りをしているという主張を、何らかの力関係でＣＤＶＪは取り下げたということ、そしてその経緯を公の席で歯切れよく説明できないということだ。

しかし、二重取りの問題はこれ以上の議論にはならなかった。この日は、私的複製によって利益が失われるのかをめぐって、消費者側と権利者側とのあいだで激論が交わされた。疑問点を端的にまとめたのは河村だった。複製が増えると利益が減るから補償金がほしいと権利者はいうが、それならば複製を禁止すれば利益は増えなければならない。だが複製できないものを、消費者は買わない恐れもある。そうなると、私的複製が増えると利益が減るから補償金を、というのは根拠が薄いことになる。

複製の主な目的には、タイム・シフトとプレイス・シフトがある。タイム・シフトとは視聴時間をずらせるための複製である。テレビ番組を録画しておいて、あとからみるのが典型的な例だ。プレイス・シフトとは視聴する場所を変えるための複製で、ＣＤをｉＰｏｄに入れてジョギングしながら聞くようなことを指す。

音楽ではプレイス・シフトはふつうに行われていることで、その回数が増えたからといって、それが権利者の不利益になるといえるのかも問題になった。しかし、これらについての議論は次回に持ち越された。

審議がなかなか進まないためか、会合の間隔は短くなっていった。第四回委員会は三週間後の五月三一日にあった。口火を切った川瀬が取り上げたのは、著作権保護技術と補償の必要性の関係についてだった。そのころ総務省の委員会で検討が進められていた、デジタル・テレビ放送のコピー制限緩和のことを、川瀬は話題にした。その委員会では、コピー制限を撤廃すべきだというメーカー側と、そうはさせたくない権利者側が鋭く対立していた。権利者側の石井・華頂・椎名・生野、消費者側の河村は、そちらの委員も兼ねていた。JEITAの河野は、総務省の委員会にオブザーバーとして参加していた。この「業界」の狭さがわかるというものだ。

川瀬の意図は、権利者が保護技術で許容した範囲内のコピーに、補償が必要なのかを議論してほしいという点にあった。椎名は、コピー・ワンスは放送事業者とJEITAが決めたことで、権利者も消費者も了解していないと論じた。華頂は、映画は断固コピー・ネバー（コピー禁止）なのだが、それができないのならば代償として補償金は必要だという。河村は、公共性の高い地上波放送にコピー制限をかけてよいのかという議論と、補償金をからめるべきではないという。その他の委員からもテレビのコピー制限緩和について発言があいつぎ、さながら総務省の委員会のようになった。

中山主査は話題を変えることをうながし、補償の必要性について亀井・小六・椎名が順番に意見を述べた。亀井の論点は、経済的に重大な損失があるかないかが、補償の必要性の基準になるということだった。小六は、私的複製の総体が増えているので補償は必要だが、私的複製を禁止するつもりはないといった。椎名は、前回の委員会での河村の指摘に対する反論を用意していた。

補償金制度は権利者にも消費者にもメーカーにも利点があり、自らの利益だけを主張して言葉尻や立場の違いの細部をあげつらって、重箱の隅をつつくようなまねはよくない、みなが妥協しながらもＷＩＮ―ＷＩＮになるような落としどころがないのならば、私的複製の自由をなくしてもらうしかないと椎名はいった。それに河村は反論した。自分は重箱の隅をつついているのではない、だいいち私的録音をできなくすることで利益が生じるのかと。後者の点については、椎名と河村とのあいだで、しばらく押し問答がつづいた。

津田からは、私的録音にはユーザーを作り出すポジティブ効果があるという議論が出されたが、それに否定的な生野と松田を巻き込んだ問答になった。落としどころのない深みへと、委員会は進んでいった。

そんなおり、知的財産推進計画の見直しに対するパブリック・コメントが、六月はじめに首相官邸から公表された。そこには、「科学的且つ客観的証拠に基づかない理由に依る私的録音録画補償金制度は即時撤廃すべきである」とする、アップルジャパン社からの意見が掲載されていた。同社の意見はかなり激しいもので、私的録音録画小委員会の委員と事務局員の実名をあげて責任を追求し、同社を委員会から閉め出して欠席裁判をし、結論ありきの議論をしていると非難した。挙げ句には、著作権団体は傲慢不遜、文化庁は公平公正な省庁ではないので、著作権行政を他の省庁に移管すべきとまで書かれてあった。

アップルジャパン社からの意見はマスコミやブログで話題になった。しかし、そのコメントがアップル社のどのレベルから発信されたものなのか不明だったうえ、まもなくして、同社はこのコメントを公式に取り下げてしまった。真相は闇のなかではあるが、iＰｏｄ課金がくすぶりつづけていることへの、アップル社員の不満が吹き出したものだろう。

第五回委員会は、およそ二週間後の六月一五日にあった。この会合は、事務局が作成した「私的録音録画に関する制度設計について」という文書をめぐって紛糾した。この文書には、違法複製物・違法サイトからと、適法配信・有料放送からの録音録画については、私的複製の範囲から除外すると明確に書かれてあった。また、補償の必要性がなくなる場合として、（1）保護技術によって私的複製の総体が減少した場合、（2）保護技術によって権利者がコンテンツごとに複製をコントロールできるようになった場合、（3）保護技術と契約の組み合わせによって利用者から料金の個別徴収が可能になった場合のみっつをあげた。そのうえで、かりに補償の必要性があるとした場合の、制度の基本的なあり方の検討の方向性が示された。

制度の基本的なあり方として、現行のように「機器や媒体の提供」に着目した制度設計に加えて、「録音源・録画源の提供」という「行為」に着目した制度設計も、世界初の試みとして提案された。その内容をみると、前者についてはiＰｏｄなどのポータブル・オーディオをあらためて課金の対象にすると書かれてあった。後者は機器や媒体ではなく、ＣＤ販売事業者、レンタル事業者、放送事業者に課金するという案である。いずれも波乱を呼ぶことは避けられそうもない案だった。

この文書をめぐっては、委員が異口同音に自分の意見が反映されていないといい、感情的な対立を含みながら、方向性の定まらない小競り合いがつづいた。最後には、次回は各自の意見を文書にして出すよう、中山主査が提案して閉会となった。

落としどころを求めて

それから一二日後の六月二七日、第六回委員会が開かれた。まず、違法配信を識別するためのマークを作るプランについて、ＲＩＡＪから説明があった。それにつづいて、委員が提出した意見書をもとに議論がなされた。

この日の委員会に出された意見書は、つぎのようなものだった。まずＮＨＫの石井は、コピー制御があれば補償金はいらないとは考えられないといった。民放連の大寺は、「視聴者の利便性」と「権利者の利益」のバランスを取るために補償金は必要であり、かつ放送事業者が補償金を支払うのは妥当でないといった。亀井と河野は連名の意見書で、理念のない制度設計をするべきでないといい、とりわけ補償金の負担者はメーカーではなく利用者であること、権利者が行った実態調査に頼るのではなく第三者機関による調査をするべきだといった。慶応大学の小泉は、かりに違法ファイルのダウンロードを禁じても、実効性は疑わしいという。小六は、補償金制度の創設を求めていた一九八八年に、ＪＡＳＲＡＣの会長だった作曲家の芥川也寸志（一九二五―八九）名で出された文書を参考として意見書に添えて、権利者にとって補償金とはそもそも何だったのかを訴えた。ほかにも椎名、津田、河村が意見書を出した。

つづいて討論に入った。補償金制度は消費者に周知されていないという河村に対して、椎名は私的録音補償金管理協会には消費者団体連合会から理事が選ばれているのに、理事会に一度も出席していないぞという。理事が入っているから消費者に説明は不要だというのかと河村が問う。そこに生野が椎名の援護射撃をする——理事として執行責任があるのに会議に出ないでおいて、消費者への認知度が低いと責めるのはいかがなものかと。河村も引き下がらない。理事に消費者側がいるからといって、広報は消費者側がしろとでもいうのかと返す。

津田は、違法サイトからの録音録画を私的複製からはずすことに、あらためて反対を唱えた。ネットでは適法と違法が混じり合っていて、それをはっきり区別することはできないからだという。違法サイトからの複製も私的複製だというならば、そのぶんの補償金もいただけるのかと椎名が突っ込む。それに対して、津田は現状維持が妥当だという。

そのとき、著作権課長の甲野が委員に確認を求めた。事務局提案では、違法サイトから「情を知って」、つまり違法であることを知ったうえでダウンロードする行為についてのみ違法にするとなっている、それで問題はないでしょうと。

この「情を知って」の限定がかかっていることに加えて、中山は刑罰についても事務局案の確認を求めた。著作物流通推進室長の川瀬は、個人のためのコピーならば違法でも罰則は適用しないのが現行法の趣旨だと答えた。「情を知って」のコピーであることと罰則を設けないこと、このふたつを条件としてダウンロードを違法化する案に合意するよう中山はうながし、津田もそれ以上の異論は出さなかった。紛糾する議論のなかで、通算にして一四回目の会合で、これが最初に得られた合意だった。

しかし、補償金制度そのものを存続させる意義、コピー制御技術や契約との関係、どの機器に課金すべきなのか、支払い義務者は消費者でいいのかといった根本的な問題には、あいかわらず議論が収束する糸口はなかった。

七月一一日の第七回委員会では冒頭で、著作権課長だった甲野が異動し、後任に山下和茂が着任したとの報告があった。そして、日本記録メディア工業会の井田と民放連の大寺が提出した意見書と資料から議論がはじまった。井田は「あたかも、一定の結論が先に存在するかのような構成の資料で検討がなされようとしていることに、強い懸念を覚えます」と文化庁を批判した。

大寺は、有料放送の録画を私的録画の範囲からはずすことは適当でないとした。私的録画を引きつづき許すので、補償金がほしいということだ。そうなると、有料放送の代金のなかに利用者が録画するぶんが入っているかどうかが問題になる。もし入っていれば、録画相当の部分を利用者から二重取りしていることになるからだ。大寺がいうには、有料放送は番組を一回切りみるだけのサービスであり、録画のぶんの代金は取っていない。したがって、対価の二重取りにはなっていないという。

大寺の意見に対して河野は、有料放送を録画したいのなら別途お金を払えというのは納得できないといい、亀井は無料だろうが有料だろうが、複製を技術的にコントロールできる限りそこに権利者の意志がすでに反映されているので、補償は必要ないという。放送事業者の代表である大寺は、自分の意見は権利者への配慮なのだと、批判の矛先をかわした。

補償の必要がなくなる場合とは何なのか、補償金をかけるべき機器は何なのかについて、iPod課金を視野に置いた議論がつづいた。しかし、合意に向かう気配はなく、ついには事務局案をいったん白紙撤回してはという意見まで飛び出した。

およそ二週間の間隔で委員会はつづいた。第八回は七月二六日、第九回は八月八日だった。第八回では、補償金の支払い義務者を消費者ではなくメーカーにしろという権利者側と、メーカー側がふたたび対立した。第九回では、補償金額の決定方法、補償金を使って行なう共通目的事業のあり方などが話し合われた。後者の話題では、売れっ子にたくさんお金が回るいまの仕組みではなく、可能性のある若手を支援するべきだという点で、河村と椎名の意見がはじめて一致するという一幕もあった。

委員会に残された時間は、そう多くはなかった。一〇月一二日に予定されている文化審議会著作権分科会で、委員会としての中間整理について報告し、了承を得なければならないのだ。そのまえに、九月二一日の法制問題小委員会で、中間整理の方向性を報告しなければならない。それに向けて、八月二四日の第一〇回、九月五日の第一一回委員会では、事務局が作成した整理メモについて審議された。整理メモでは、違法録音録画物・違法サイトからの録音録画と、適法配信からのそれを私的録音録画の対象からはずすことについて、「おおむね了承された」と書かれてあった。ただし、前者については津田の慎重論も盛り込まれた。後者については、六月一五日の第五回委員会での事務局提案にあった、有料放送からの録音録画を私的複製から除く案は、大寺の意見を取り入れて削られ、インターネットの適法配信からの録音録画は、補償金の対象からはずされることになった。適法配信はコピー・コントロールが効いているうえに誰が利用しているかもわかるため、著作権保護技術と契約によって、利用者が自分用のコピーを作る対価を徴収することもできるからだ。その他の論点については、ほとんど合意には達していなかったため、両論併記の形でまとめられていた。

ここでまとめられたことが、そのまま著作権法改正につながるのかと津田が懸念をいったのに対して、委員会は諮問機関であって法律を作るのは国会であること、たとえ委員会の多数意見でもそれが法律になるわけではないと、中山は説明した。

九月一三日の第一二回委員会では、中間整理案の結論部分の草稿が示された。両論併記案について議論するときの常として、自分が反対する意見に修正を求めがちになる。この委員会でもご多分にもれず、反対意見への修正要求や疑問が飛びかった。何としても整理案をまとめたい事務局側は、「主査と相談して、必要に応じて文言を変更したい」と答えることが多くなっていた。

津田は、ダウンロード違法化が「おおむね了承された」の部分については最後まで了承できないので、書き換えてもらえないかといった。そして多数決を取って、一名の反対があったことを明確にしてほしいと要望した。中山は、それについては今後の検討事項にさせてもらいたいといった。

九月二六日の第一三回委員会は、文化審議会著作権分科会での報告前の最終会合になる。事務局からはA4にプリントすると一〇〇頁弱にもなる中間整理案の全体が示された。その大半は、これまでの委員会に提出された各種の資料や権利者側の調査結果をまとめ直したものだった。

ファイル交換ソフトの利用実態については、利用者数を六〇八万人とした権利者側の調査結果ではなく、総務省の情報から推計した二五一万人という数字が採用された。しかし、違法ファイルの平均ダウンロード数は、権利者側の調査結果を鵜呑みにした値が、そのまま記されていた。

津田がこだわった部分については、ダウンロード違法化が「おおむね了承された」ではなく、「大勢であった」にあらためられた。それにつづいて、つぎの部分が付け加えられた。

なお、これに対して、違法対策としては、海賊版の作成や著作物等の送信可能化又は自動公衆送信の違法性を追求すれば十分であり、適法・違法の区別も難しい多様な情報が流通しているインターネットの状況を考えれば、ダウンロードまで違法とするのは行き過ぎであり、利用者保護の観点から反対だという意見があった。

津田は書き換えに応じてくれたことに謝意を示しながらも、「大勢であった」ではなく「いろいろな意見があった」という書き方にしてもらえないかと、なおも食い下がった。さすがの中山もこれにはいらだちを感じたようで、「どうしてもまずいですか。実質的にはこのとおりのような気がするのですが」と返した。苗村と生野は、この表現で問題ないと発言し、中山は全員に確認を取り「異議なし」の声で決着となった。

その他の修正案が審議されたあと、津田はつぎの攻めに転じた。「情を知って」行った違法ダウンロードがあったとき、罰則はないにしても権利者側は民事訴訟を起こすつもりなのかと問いかけた。そういう議論はまだしていないと生野は答えた。津田は「おまえは違法ダウンロードをしたから、訴えられたくなかったらお金を振り込め」といった架空請求が多発するのではないか、権利者がダウンロード違法化の広報をすればするほど、その危険性が高まるぞと論じた。

椎名はそれに対抗して、違法録音録画も私的複製だというのなら、それにも補償金を出してくれるとでもいうのか、そういうつもりがないのなら、それは違法にして補償金の対象外にするのが適当だといった。私的複製があるところには、必ず補償金を出してもらうのだという論理だ。

文化庁の川瀬は、架空請求はあるかもしれないが、制度の見直しと関係ないことは報告書には書きにくいという。そこに苗村が妙案を出した。「ダウンロードまで違法とするのは行き過ぎであり」のあとに「一般消費者のインターネット利用を萎縮させる恐れがあるので利用者保護の観点から反対である」としてはという案だ。津田もこの修正案に同意した。

そのほかにも多くの修正が施されて、基本的に両論併記の中間整理案が親委員会へ提出され、パブリック・コメントにかけられることになった。

波乱のパブリック・コメント

私的録音録画小委員会の中間まとめ案は、一〇月一二日の第二三回文化審議会著作権分科会で報告された。ちょうどそのころ、総務省の委員会では、地デジのコピー制御をメディアの移動（ムーブ）一回のみのコピー・ワンスから、九回のコピーと一回のムーブの「ダビング10」に緩和する案がまとめられようとしていた。この新しい仕組みが、私的録音録画補償金の議論を、いっそう混迷させる原因になった。

著作権分科会では、利害関係のある委員からさまざまな意見がつけられた。ＲＩＡＪ会長の石坂敬一（一九四五―）は、独自の調査から算出した年間二億八七〇〇万という違法ダウンロード数をあげて、違法サイト対策の著作権法改正をぜひお願いしたいといった。作詞家でＪＡＳＲＡＣ理事の岡田冨美子は、ｉＰｏｄ課金をなんとか早くと懇願した。コンピュータソフトウェア著作権協会（ＡＣＣＳ）理事長の辻本憲三は、録音録画だけでなくコンピュータ・ソフトの違法ダウンロードも、なんとかしてくれという。どうして音楽や動画の違法ファイルのダウンロードだけが違法で、そのほかのソフトや書籍は違法ではないのか、そういう疑問は湧くだろう。音楽や動画で認められるのなら、ソフトや書籍でもおなじようにしてくれという声が出てくるのは、当然のことだ。また、日本映像ソフト協会会長の高井英幸（一九四一―）は、地デジがダビング10

になるのならば、補償金とセットにするのが絶対条件だと主張した。

私的録音録画小委員会のメンバーも兼ねている野原は、補償金がないと著作者が不利益になるというが、おなじ音楽のＬＰを買い、ＣＤを買い、ｉＰｏｄのためにも買い、機器を買うたびに補償金を払わせるのは、消費者軽視ではないかといった。岡田はそれに反論し、音楽はただで聞けるものと思っては困る、われわれに霞を食って生きろというのかという。野原はそういう意味ではないと再反論した。

野原とおなじく私的録音録画小委員会の委員でもある河村は、ダビング10と補償金のセットは絶対だという高井に反論した。アメリカや韓国ではテレビ放送にコピー制限をしなかったおかげで豊かな二次利用ビジネスが展開され、たいへんな利益が上がっている、日本の権利者は海外の動向をよく気にするくせに、アメリカや韓国の二次利用ビジネスに触れたがらないのはなぜかと。

制度の抜本的な検討を託された委員会ではあるが、コピー制御技術と著作物流通の環境が変化しているなかで意見をまとめるのは難しい——中山主査は苦渋をにじませながら、最後にそうコメントした。

中間まとめ案は、パブリック・コメントの段階へと進んだ。それにタイミングを合わせたかのように、津田が発起人のひとりになって、「インターネット先進ユーザーの会」（ＭＩＡＵ）が結成された。ＭＩＡＵは「パブコメジジェネレータ」なるものを開発し、ネット上で公開した。これはダウンロード違法化問題と、それと同時にパブリック・コメントにかけられていた著作権法違反の非親告罪化問題などについて、いくつかの質問に対してＹＥＳ／ＮＯ／ＳＫＩＰを選んでいくと、それにあったパブリック・コメントの文章が自動的に作られ、あとはそれを文化庁へ送るだけでいいというシステムだった。ネット・ユーザーの声の大きさを委員会に知らしめることが、津田らの意図だった。

パブリック・コメントは、一〇月一六日から一一月一五日までのあいだに募集され、八七二〇通の意見が寄せられた。これはパブリック・コメントとしては異常なほどの多さだった。内訳は、団体からが一一〇通、個人からは八六一〇通だった。

第一四回委員会は一一月二八日に開催され、パブリック・コメントの結果について議論された。文化庁の川瀬は、全体の八割がダウンロード違法化についての意見で、七割は「ネット上にある意見のひな型を利用してこちらに寄せられたもの」だと報告した。しかも、その大半はダウンロード違法化に反対する意見だったとみられる。

その結果に対して生野は、罰則の対象でないことや「情を知って」という要件のあることを、反対者は理解していないという。それに対して津田は、著作権法がどんどん厳しくなっていくことをひとびとは心配しているのだと、反対意見を代弁した。

補償金が必要なだけの経済的な不利益があるかどうかをめぐっては、椎名と河村とのあいだで延々とやりとりがつづいた。支払う補償金は一年にせいぜい数百円なのに、そんな少額でも消費者にとっては損害なのかと、小六がそこに茶々を入れる。それに河村は答えた――小六は消費者運動の本質をわかっていない、公正でないことは一円のことでも許してはいけないのだと。

津田はいう。たとえテンプレート（ひな型）を使った意見が多かったとしても、反対意見が多く届いたことをどう受け止めるのか、この委員会で話されていることと消費者の溝が深くなっているのではないか。さらに津田は、賛成・反対の数は公表されるのかと聞いた。川瀬は、賛成・反対が明確でない意見もあるので、はっきりとした振り分けは難しいと答えた。苗村と亀井は、ダウンロード違法化にこれだけの反対があったことを、委員会としてどう受け止めたらよいのかと発言した。この問題はまだ議論がつくされていないのだと、津田は付け加えた。一橋大学教授の土肥一史は、委員会の意図が国民に正確に伝わっていないのではないかという。文化庁審議官の吉田大輔は、パブリック・コメントで出てきた論点を委員会として深めていただいて発信をしていきたいといい、その場を収めた。

また、このパブリック・コメントでは、インターネットの適法配信からの録音録画を私的複製からはずすことに慎重な意見が、ＪＡＳＲＡＣ、芸団協、日本俳優連合などの権利者団体から寄せられた。なかでもＪＡＳＲＡＣからは、適法配信として許諾を与えたのは消費者の受信端末でのデータ複製までなので、対価の二重取りの指摘は事実に反するという強い意見が出された。利用者が音楽をほかのメディアにコピーするぶんの料金は取っていないというのだ。ＪＡＳＲＡＣほどの力のある団体からの意見を、無視するわけにはいかなかっただろう。インターネットの適法配信からの録音録画を私的複製の範囲に留める方向へと、委員会の結論は傾いていった。

一二月一八日に第一五回委員会が開催された。二年間という当初の審議期間の終わりが、しだいに迫ってきていた。「補償金制度の廃止も含めて抜本的な改革をするというのが至上命題になっております。なかなか大山鳴動してネズミ一匹というわけにもいかないと。かとって今すぐ抜本的な解決もできない。それで二〇××年の一応の姿を示さなきゃいけないのですけれども」──中山は危機感を込めていった。

事務局から示された「二〇××年の姿」とは、著作権保護技術の発達・普及を前提に、補償金制度を廃止するというものだった。目標年がいつなのか、どのような著作権保護技術が前提なのかが書かれていなかったためか、とくに反対の声は上がらなかった。まるで具体性のない「抜本的な改革」案だった。

つづいて私的複製の範囲の見直しについて、川瀬が案を述べた。ポイントは、違法複製物のダウンロードは、やはり違法化したいということと、インターネットの適法配信からの録音録画は、利用者との契約面での条件が整ったものについて、私的複製からはずす方向で考えるという二点にあった。

前者の点についてパブリック・コメントで寄せられた多数の声は、まったく無視されたかっこうだ。河村は、たとえテンプレートを使ったとしても、圧倒的な多数が反対したのを無視してよいのか、数は重く受け止めるべきだといった。川瀬は、反対意見の中身を精査し、利用者保護の面で不安のないようにやっていきたいとだけ答えた。違法配信からだろうと適法配信からだろうと、どちらも私的複製からはずすことは、委員会の大勢が合意していたことだった。それにもかかわらず、権利者団体からの意見を入れて、後者だけが大きく変化した。適法配信されたものを利用者が録音録画することに対する対価をどうするのか、その契約環境が整っていないので現状維持が妥当ということだ。

適法配信からの録音録画が私的複製の範囲にとどめられたことは、どう評価すべきなのだろうか？　これによって、適法配信された音楽や動画を私的にコピーすることは、引きつづき合法になった。ところが、適法配信のコンテンツには、ほとんどの場合、かんたんにはコピーできないようなコントロールがかかっている。利用者は権利者側があらかじめ認めた範囲の複製しかできず、私的コピーを自由に作ることが困難である。制度に変わりはなくても、利用者が持っているはずのコピーの自由は、確実に狭められているのである。

二年間という期限内に報告書を取りまとめることが絶望的になっていくなかで、二〇〇八年一月一七日に第一六回委員会があった。事務局からは著作権保護技術と補償金制度についての考え方の案が示された。ポイントは「権利者側の要請に基づき」著作権保護技術が採用されたものについてのみ、補償の必要性がないとすることであった。それによれば、ダビング10は総務省の委員会での経緯から「権利者の要請に基づき」策定されたものでない、つまり補償金の対象だということになる。どうやらこの案は、委員には事前に配られていなかったようで、みな発言には慎重になった。「持ち帰って検討したい」という声もちらほらと出るなか、予定の時間よりも大幅に早く閉会になった。

二〇〇七年度最後の委員会となった一月二三日、東京は朝から雪だった。多くの事項で意見の隔たりが大きく、残念ながら報告書を取りまとめることはできなかった。そのことを文化審議会著作権分科会で報告し、委員会の継続を求めることを、川瀬と中山が伝えた。

ダビング10で大混乱

二〇〇七年度末の文化審議会著作権分科会では、〇八年度も引きつづき私的録音録画小委員会を設置することが決まった。委員の顔ぶれは、これまでとまったくおなじになった。〇八年度の第一回委員会は四月三日に行われ、ファイル交換ソフトの最新の利用実態調査の結果につづいて、適法サイトを識別する「エルマーク」の説明がＲＩＡＪからなされた。

委員会が荒れ出したのは、五月八日の第二回からだった。この日に文化庁が提案した案では、録音録画専用機器やメディアに加えて、携帯用オーディオ・レコーダー、すなわちｉＰｏｄ等を課金の対象機器に加えるのが適当であると、あらためて書かれたのだ。ｉＰｏｄにもダビング10に対応した機器にも補償金を課しますでは、メーカー側が反発するのは当然だ。ＪＥＩＴＡの亀井は、文化庁としての考えを文書で出すように求めた。

この日、いつもは雄弁な椎名は一度しか発言せず、華頂と小六は沈黙していた。その理由は、六月二日に迫っていたダビング10解禁予定日をまえに、解禁を拒否するというカードを持っていたからだ。メーカー側は八月の北京オリンピックをひかえて、ボーナス商戦前にコピー・ワンスを緩和し、デジタル録画機器の販売を伸ばしたいという思惑があった。いっぽう、ダビング10解禁日はメーカーと放送局で作る「デジタル放送推進協会」が決め、放送局側は権利者側の意向をくんで動いていたのだ。

委員会が決定的に決裂することを避けるためか、五月二九日に予定されていた会合は取りやめになった。それと同時に、六月二日のダビング10解禁も延期になった。そこでついに文部科学省と経済産業省が調整に乗り出した。補償金の対象を定めている政令を改正して、ブルーレイのレコーダーと記録用ディスクには課金し、iＰｏｄを含むハードディスク内蔵型装置への課金は見送ることを条件に、ダビング10の実施に踏み切る案で両省が合意し、六月一七日に渡海紀三朗(一九四八―)文部科学大臣と甘利明経済産業大臣が記者発表した。政治決着がはかられたのだ。

大臣発表の翌々日にあった総務省情報通信審議会「デジタル・コンテンツの流通の促進等に関する検討委員会」で、こちらの委員でもある椎名はこういった。

こうした膠着状態をこれから先も続けていくことには何の意味もなく、……よって、この際、このダビング10の問題に限っては、補償金の問題と切り離して考えて、本日この場においてダビング10の実施期日を確定してはどうかということを、［委員会主査の］村井［純(慶應義塾大学教授、一九五五―)］先生にご提案したいと思います。

権利者側は、補償金問題を別にしてダビング10を実施するという妥協をした。このようにしてダビング10は、七月四日から運用が開始された。

第三回の私的録音録画小委員会は、七月一〇日にようやく開催された。五月八日にJEITAが要望した文化庁見解は、一問一答の形にまとめて示された。また、補償金制度についてのJEITA見解と、コピー・ワンス緩和と補償金について権利者側からJEITAに宛てた公開質問状も参考資料に含められた。質問状は二〇〇七年一一月九日と〇八年六月一六日の二回にわたって出されたもので、九〇近い権利者団体が名前を連ねていた。

中山主査によると、先の両大臣の合意は補償金の対象機器を指定する政令を変更するということであって、当委員会の役割はまだ終わっていないという。それならば、というわけでもなかったのだろうが、ダビング10には補償金は不要というメーカー・消費者側と、当然必要だという権利者側との激論がふたたびはじまった。総務省の委員会にも参加しているメンバー間で、あちらの委員会でおまえはこういった、いわなかったという議論にまでなって、中山がたしなめる場面もあった。終了まぎわには、「パンドラの箱を開けてしまったようなもの」と、中山はこぼした。

第四回の会合がもたれたのは、三ヶ月以上あとの一〇月二〇日だった。文化庁はこの間、非公式に妥協点を模索していたが、新たな提案は出せない状況であり、最終報告書は両論併記になると川瀬はあかした。唯一の合意は、ダウンロード違法化だけというありさまだった。津田はダウンロード違法化に対する懸念をふたたび述べたが、これも見送ろうという声は上がらなかった。委員会はわずか四〇分で終了した。

法改正へ

二年八ヶ月つづいた委員会の最終会合は、一二月一六日に開かれた。事務局から最終的な報告書の案が示された。補償金制度の将来的な見直しについてのみっつの事務局提案と、それに対する両論併記の意見がまとめられた内容だった。しかし、違法録音録画物、違法配信からの私的録音録画については、利用者保護をはかりながらも私的複製の範囲からはずして違法にすることが、「必要であるとの意見が大勢であった」と記された。適法配信からの私的複製については、制度全体の将来像がないまま見直すことには、「問題があるとの意見があった」とまとめられた。

報告書案はそのまま了承された。制度の廃止も含めた抜本的な改革を検討することを目的にはじまった委員会だったが、最終的に合意できなかったことに、「私の責任を痛感していると、申しわけございませんというおわびの言葉で、この会議を締めくくりたいと思います」と、中山は無念の色をにじませた。

ダウンロード違法化を盛り込んだ著作権法改正案は、海賊版ＤＶＤのネットオークション出品の禁止や国立国会図書館での所蔵資料の電子化を許諾なしに行えるようにすることなどとともに、二〇〇九年三月一〇日に文部科学省から国会に提出され、五月一二日に衆議院で、六月一二日に参議院でいずれも全会一致で可決成立した。ただし国会では、この改正にあたって、つぎのような附帯決議も行われた。

政府及び関係者は、本法の施行に当たり、次の事項について特段の配慮をすべきである。

一　違法なインターネット配信等による音楽・映像を違法と知りながら録音又は録画することを私的使用目的でも権利侵害とする第三十条第一項第三号の運用に当たっては、違法なインターネット配信等による音楽・映像と知らずに録音又は録画した著作物の利用者に不利益が生じないよう留意すること。

また、本改正に便乗した不正な料金請求等による被害を防止するため、改正内容の趣旨の周知徹底に努めるとともに、レコード会社等との契約により配信される場合に表示される「識別マーク」の普及を促進すること。

二　インターネット配信等による音楽・映像については、今後見込まれる違法配信からの私的録音録画の減少の状況を踏まえ、適正な価格形成に反映させるよう努めること。

（中略）

五　近年のデジタル化・ネットワーク化の進展に伴う著作物等の利用形態の多様化及び著作権制度に係る動向等にかんがみ、著作権の保護を適切に行うため、著作権法の適切な見直しを進めること。

特に、私的録音録画補償金制度及び著作権保護期間の見直しなど、著作権に係る重要課題については、国際的動向や関係団体等の意見も十分に考慮し、早期に適切な結論を得ること。

（後略）

私的録音録画補償金制度の抜本的な見直しが、利害関係者の対立によって潰されてゆくなかで、ダウンロード違法化が「鬼子」として産み落とされた経緯は、このようなものだった(41)。

ここからみえてくることは、著作権法改正の方向性は、公平中立な委員たちによって決められているのでも、各界からバランスよく委員が選ばれた委員会で議論されているのでもないということだ。委員の多くは業界の利害を背負っていて、自らの利益になる方向へと議論を誘導することに努めている。文化庁も、パブリック・コメントでダウンロード違法化に反対する声が圧倒的に多かった事実をほぼ完全に無視したり、政治決着に持ち込んだりといった誘導を要所要所でしている。委員会の記録に残らないオフレコの調整が、結論に影響を与えたことも、じゅうぶん感じられる。

著作権法は、子どもからお年寄りまで、国民の隅々にまでおよぶ日常生活にかかわる法律だ。だから、法の中身には国民の各層の意見がきちんと反映されてしかるべきだと思う。しかし、現状ではこの法律は、このようにして変えられているのだ。

(41)　私的録音録画補償金制度の改革については、二〇〇九年度からの基本問題小委員会で引きつづき審議されている。また、ＲＩＡＪはダウンロード違法化を定めた条文の「読上げコンテスト」を二〇一一年五—六月に行うなどして、市民の「啓蒙」に努めている。

第5章　海外の海賊版ソフトを考える

映像流通の変化

ここからは、視野をもっと広く海外にまで向けて、日本の著作物の違法な流通実態の一端を知ったうえで、それに対する規制のあり方を考えていこう[42]。

国内や欧米での不振を背景に、日本のコンテンツをアジア市場で積極的に売っていこうという動きがある。中華圏での海賊版の封じ込めに積極的な活動をしているコンテンツ海外流通促進機構（ＣＯＤＡ）が二〇〇二年に設立されたことが、そのさいたるものだろう。海外で日本のコンテンツが違法に出回っているとＣＯＤＡはいうが、その実態はどのようなものなのだろうか。

日本のアニメやテレビドラマ、映画などの大衆映像文化は、一九九〇年代の後半から日本以外のアジアに拡散した。その主な流通媒体は、海賊版のＶＣＤやＤＶＤだった。ＶＣＤとはＶｉｄｅｏ―ＣＤの略で、音楽ＣＤとおなじ規格のメディアに映像を記録するものである。もちろんそれ以前にもビデオ・テープによる流通はあったと思われるが、デジタル・メディアによる映像拡散の規模は、ビデオ・テープの時代をはるかにしのぐものである。

日本では、ビデオ・テープからＤＶＤへの移行が早く進んだこともあり、ＶＣＤは普及しなかった。日本以外のアジア地域では、二〇〇〇年代にＤＶＤが普及するまで、市場に流通した映像媒体の主力がＶＣＤだった。ＤＶＤとくらべるとＶＣＤの画質は劣るが、ＤＶＤのようなアクセス・コントロールがなく、パソコンがあればたやすくコピーできる。そのため、ＶＣＤは海賊版メディアとして大いに利用された。

社会学者の呉咏梅によると、中国では一九九七年ころから日本のテレビドラマの海賊版ＶＣＤが流通しはじめ、そのピークは一九九九―二〇〇一年だった。中国の若者は海賊版ＶＣＤをとおして最新の日本文化に触れ、それが彼らの日本イメージを形作る力になったという[43]。ハリウッドの映画産業とは好対照に、日本のテレビ業界は海外展開、とくにアジア諸国への流通には決して積極的とはいえなかった。日本のテレビドラマは、非合法な活動によってグローバルな展開が創出されたのだ[44]。

わたしが海外で継続的に行っていたフィールド調査に基づく実感では、海賊版ＶＣＤやＤＶＤによって日本の大衆文化に触れる機会は、二〇〇〇年代なかばにはあきらかに減少に転じていた。海賊版ディスクを売る店が減った第一の原因は、日本政府からの働きかけによる取り締まりが強くなったことにある。知的財産推進計画では、アジア諸国との自由貿易協定や経済連携協定において、実効的なエンフォースメントを行うための条項を入れるよう、各国に働きかける役割を外務省に課している。こうしたことが奏功して、中国や香港の繁華街で海賊版ディスクを売る店舗は減少した。

海賊版ディスクを売る店が減った第二の原因として、アジアの市民が日本の映像文化に触れる手段が、インターネットからのファイル・ダウンロードへと代わったことがあげられる。

ディスクからネットへの移行は、ファイル共有システムの普及によってますます早まった。呉は、中国の大学の学生寮での海賊版の流通が、二〇〇二年ころを境にディスクからブロードバンド・ネットワークを使ったファイル共有へと移行したと報告している。[45] 二〇〇〇年代後半には、日本のアニメなどはテレビ放送された直後にそのデジタル動画ファイルがネットに流れ、ファンが中国語や英語の字幕をつけた「ファンサブ」ファイルが数日後には無料で流通していた。海賊

(42) 本章の内容は、既発表の拙論文「海賊版映像のディスク分析」(谷川建司ほか編『拡散するサブカルチャー——個室化する欲望と癒しの現在』青弓社、二〇〇九年所収)に加筆修正したものを含む。
(43) 呉咏梅「プチブル気分と日本のテレビドラマ」、王敏編『〈意〉の文化と〈情〉の文化——中国における日本研究』中央公論新社、二〇〇四年、二二一—五七頁。
(44) ケリー・フー「再創造される日本のテレビドラマ——中国圏における海賊版VCD」、岩渕功一編『グローバル・プリズム——〈アジアン・ドリーム〉としての日本のテレビドラマ』平凡社、二〇〇三年、九九—一二六頁。
(45) 呉、前掲論文、三五頁。

版ディスクは、当局による取り締まりだけではなく、ネットをとおしてすばやく広がる無料動画との競争にさらされ、衰退したという構図もみえる。

このような環境変化によって、日本の大衆文化はいっそうかんたんに、早く国境を越えるようになった。海賊版ディスクの時代は、ゼロ年代後半に終わったといってもよいだろう。海賊版ディスクによる映像文化の普及は、九〇年代後半からゼロ年代なかば過ぎまでの、歴史的な一現象だったといえる時代になった。

この章では、国境を越えた著作権侵害の具体的な例として、日本のアニメ、テレビドラマなどの海賊版ディスクの流通実態を振り返る。その方法として、ディスクに残されたさまざまな痕跡から、その製造・流通の過程を復元する「ディスク分析」の手法を使用する。そして国内外でみいだされた日本製コンテンツを中心とした約一五〇タイトルに対してディスク分析を行い、海賊版の製造・流通の一側面をあきらかにしたい。

海賊版とは何か

まず海賊版ディスクを定義しておこう。海賊版には狭義のものと広義のものがある。狭義の海賊版とは、法令や条約に違反して販売されているコンテンツのことをいう。狭義では権利者の許諾の有無は考えなくてもよい。権利者に無断で販売しているコンテンツであっても、法令や条約に反していなければ、狭義の海賊版にはあたらない。

ここでいう法令とは各国の国内法である著作権法であり、条約とは国際的な著作権秩序を定めたベルヌ条約や、世界貿易機関（WTO）の「知的所有権の貿易関連の側面に関する協定」（TRIPS協定）などを指す。ちなみに、ベルヌ条約やTRIPS協定に加盟するためには、国内に著作権法を整備しなければならない。また加盟国民の権利は、各国の国内法にしたがって保護されることになっている。

東アジアの主要な国と地域について、ベルヌ条約・TRIPS協定への加盟年をみておこう。まずベルヌ条約に加盟したのは、中国と香港が一九九二年、韓国が九五年で、台湾は加盟していない。TRIPS協定は、香港が九五年、韓国が九六年、中国が二〇〇一年、台湾が〇二年である。

TRIPS協定では、ベルヌ条約のうち著作者人格権を除く他の権利・義務を遵守することになっている。台湾はベルヌ条約には入っていないが、TRIPS協定によってベルヌに加盟したのとほぼおなじになった。なお、TRIPS協定の完全実施に向けた経過措置期間があったので、台湾で日本の著作物が完全に保護されるようになったのは、二〇〇四年七月からである。

したがって、国際条約によって日本の著作物を保護することが義務になったのは、中国・香港は一九九二年から、韓国は九五年から、台湾は二〇〇四年からである。それよりもまえにそれぞれの国や地域で販売された日本のアニメ、テレビドラマなどの無断コピーは、狭義の海賊版にはあたらない。

しかし、条約や法律がないから無断でコピーして売ってよいとはいいきれない。無断コピーを不快に思う著作者もいるからだ。また、著作者が作品を生み出した労苦に「ただ乗り」することへの、道義的な問題もあるだろう。このように法的な問題はなくとも、権利者に無断で流通しているものは、広義の海賊版といえる。

狭義でも広義でも、海賊版の製造・流通の仕組みは変わらないので、分析のフレームはおなじでよい。この章ではとくに断りのない限り、海賊版とは広義のそれを指すことにする。

海賊版の作り方

ここで、海賊版ディスクがどのような方法で作られているのかを紹介しておこう。そのまえに、VCDやDVDの一般的な製造工程を知る必要がある。

まず、デジタル化された映像素材を専用のオーサリング装置で編集し、字幕やメニュー画面の入ったマスターデータを作成する。オーサリング装置は、通常のウィンドウズ・パソコンに映像入力装置と専用ソフトを入れたものがほとんどである。

つぎに、ガラスの円盤に感光膜を塗布したものに、レーザービーム・レコーダー（LBR）を使ってマスターデータをカッティングする。デジタル化された映像は、断続的な細かな穴（ピット）の形で記録される。こうしてできたものをガラスマスターという。ガラスマスターに対して現像・導電処理、電解メッキを施して、金属製のメタルマスターを作る。さらに、メタルマスターからメタルマザーが作られ、メタルマザーからスタンパーが作られる。このスタンパーがＶＣＤやＤＶＤの鋳型になる。ただし、こういったいくつもの工程を経ずに、マスターデータからスタンパーを作る技術もある。

メタルマスターからスタンパーができるまでのあいだの複製能力はすさまじいもので、一枚のメタルマスターから数一〇枚のメタルマザーが、一枚のメタルマザーから数一〇枚のスタンパーが、一枚のスタンパーから約一〇万枚のディスクを生産できる。一連の工程の複製力をフルに使えば、一枚のメタルマスターから数億枚の製品が生まれる。だがほとんどの場合、市場で流通するだけの数のディスクを作るには、数枚のスタンパーがあればじゅうぶんである。

ＶＣＤの場合は、スタンパーを入れた金型のなかへ高温のポリカーボネイトを射出・冷却し、スタンパーに記録されたピットを写し取った基盤を作る。その基盤のピット面を金属メッキして反射層を作り、そのうえにラベル印刷面をつけるとディスクが完成する。

ＤＶＤにはＤＶＤ—5と呼ばれる片面一層式のものと、ＤＶＤ—9と呼ばれる片面二層式のものがある。いずれの場合も、二枚のディスクを貼り合わせて作られており、ＤＶＤ製造機器メーカーはその接着技術を競っている。性能の低い機械で作られたＤＶＤは接着が甘く、二枚のディスクが完全にくっついていないことがある。また、二層式のＤＶＤ—9の場合は、データ読み取り用のレーザー光線の透過率を記録層に応じて変える方法も、製造上の重要な技術になっている。

これらのほかにも、ＤＶＤ—5を二枚貼り合わせたＤＶＤ—10という両面一層式の規格のディスクや、ＤＶＤ―9を二枚貼り合わせたＤＶＤ―18という両面二層式のディスクも製造可能である。日本の正規版コンテンツが、これらのメディアで流通した形跡は認められない。わたし自身はＤＶＤ―18をみたことはないが、ＤＶＤ―10を使った海賊版をロシア国内でみかけたことがある。

海賊版ディスクは、映像ソースによっても分類することができる。代表的な映像ソースには、正規版ＤＶＤ、正規版ビデオ、エアチェック素材、映画館盗撮素材がある。場合によってこれらのソースに独自のオーサリングを施し、海賊版のマスターデータを作る。

小規模な業者ならば、マスターデータをＤＶＤ―Ｒなどの書き込み可能型メディアに焼いて販売する。ＤＶＤ販売店の奥に何台ものパソコンとＤＶＤドライブを並べて、家内制手工業のようにして海賊版を製造している現場を、わたしはベトナムで目撃したことがある。

大規模な場合は、前述のような工程でディスクを工場で大量生産する。また海賊版のなかには、正規版を作る工場で余分に作って横流しされたものもあると聞く。もちろんそのような場合、ディスクを観察しただけでは、正規版か海賊版かをみわけるのは難しい。

海賊版をみわける

海賊版ＤＶＤをみわける方法にはいくつかある。しかし、一般的にいわれている基準のなかには、まったくあてにならないものもある。たとえば、「オールリージョン対応は海賊版」「低品質な印刷は海賊版」「低価格なものは海賊版」といった基準が、権利者団体である国際レコード・ビデオ製作者連盟（ＩＦＰＩ）によって宣伝されていた(46)。

ＤＶＤには、そのディスクの再生が許される地域の情報が入っており、それをリージョンコードという。ＤＶＤプレイヤーにもリージョンコードがあり、おなじコード番号を持つＤＶＤしか再生できないようになっている。たとえばアメリカはリージョン1、日本や西ヨーロッパは2、東南アジアや韓国は3、中国本土は6である。

リージョンコードは、海賊版の流通や並行輸入を抑止するための技術的な措置である。オールリージョン対応ディスクは、ＮＴＳＣやＰＡＬといったビデオ信号の方式さえ合っていれば、どのリージョンのプレイヤーでも再生できる。じっさいのところ、二〇〇〇年代末にはオールリージョン対応の正規版が存在しており、リージョンコードの有無は海賊版か否かの判断基準にはならなくなっている。

ＩＦＰＩがいうほかの基準についても、印刷の品質は主観的なものであり、正規版の価格は海賊版との競争によって下落していて差がなくなっている。じっさい、二〇一一年の台湾では、「盗版（海賊版）価格」と銘打った宮崎アニメのＶＣＤが、日本製の正規版を扱うことで知られる店舗で売られていた。

(46) http://www.ifpi.org/content/library/identifying-pirate-cd-dvd-english.pdf

いくつもの海賊版を観察してきた経験からは、つぎの基準にひとつでも引っかかるものは海賊版だと判断できる。

・ディスク上のコードが故意に消されているもの
・発行元の記載がないもの
・テレビからの録画や映画館での盗撮とわかるもの

テレビから録画した素材を使ったものは、画面の片隅にテレビ局のロゴが出ていたり、はなはだしい場合は、CMや臨時ニュースのテロップまでそのまま入っていることもある。映画館盗撮は、ときどきオート・フォーカスがずれる、画面のまえをひとが横切る、マイクで拾ったような音声などから判断できる。

また、つぎの基準に該当するものは、海賊版とは断定できないものの、その可能性がある。

・著名な作品でありながら、DVD—Rなどの書き込み可能型ディスクを使用しているもの
・日本語にまちがいがあるもの
・複数の作品を同梱したもの
・ディスク上の製造コードが最初からないもの

無断コピーかどうかを判断するには、日本側の権利者を探し出し、版権契約の有無を確認しなければならない。しかし、発行元を詐称し、正規版をデッドコピーした海賊版の場合は、契約の有無を確認しただけではわからない。ディスクの発行元が日本側から正規の許諾を得ていたとしても、第三者がディスクを丸ごとコピーして販売しているものかもしれないからだ。ディスクやパッケージの観察に加えて、販売されていた状況や価格なども加味して判断する必要がある。しかし、中国などでは大書店でも正規版に混じって海賊版が並んでいるのがふつうであるし、前述のように正規版の価格も下がっているので、断定は難しい。

海賊版をより正確にみわけるには、ディスクやパッケージに記録された種々の情報、および周辺情報を使って、そのディスクの性質をあきらかにする必要がある。ディスクに残された種々の痕跡からその来歴を探る方法を、わたしは「ディスク分析」と名づけている。

ディスク分析で収集する情報は、①ディスクとそのパッケージの観察から得られる情報（タイトル、発行元、パッケージ形態、ホログラムの様態、パッケージ言語、ディスク枚数、モルドSIDコード、マスタリングSIDコード、ISRC）、②ディスクの販売現場で得られる情報（販売場所、販売店タイプ、価格、販売年月日）、③プレイヤーと解析ソフトで得られる情報（音声言語、字幕言語、映像内容の特徴、メディアフォーマット、オーサリング・ソフト、動画圧縮方式、リージョンコード、タイムスタンプ）に分類できる。

コードとタイムスタンプ

これらのうち、ＳＩＤコード、ＩＳＲＣ、タイムスタンプには説明が必要だろう。ＳＩＤコードとは、海賊版を規制する目的で、ディスク製造者にユニークに与えられるコードである。ＩＦＰＩが認証し、ＣＤとＤＶＤの製造法の特許を持つオランダのフィリップス・エレクトロニクス社がコードを発行している。ＩＦＰＩの認証を受けた製造機械にＳＩＤコードが与えられ、その機械で製造されたディスクにコードが刻印される。フィリップス社はＳＩＤコードの管理をとおして、ＣＤとＤＶＤの製造者からの特許料徴収も行っている。

ＳＩＤコードにはモルドＳＩＤコードとマスタリングＳＩＤコードの二種類がある[47]（**図5・1**）。モルドＳＩＤコードは、ディスクを製造するさいのポリカーボネイト射出形成工程で刻印されるもので、四―五文字のアルファベットと数字でできている。最初の二ないし三文字でディスク製造業者を識別することができる。したがって、モルドＳＩＤコードの先頭から二文字目までがおなじディスクはかなりの確率で、三文字目まで同一ならばそれらは確実に、おなじ業者が製造したとみることができる。マスタリングＳＩＤコードは、ディスクのマスターを作るカッティング工程でＬＢＲによって刻印されるもので、映像原盤の製造者を特定することができる。

メディアの原産国を特定するために、ＳＩＤコードは有力な情報になる。しかし残念なことに、それぞれのＳＩＤコードがどの国の製造者に割り振られているかは、研究者に対しても一切開示されていないため、せっかくコード番号がわかってもディスクの原産国を知ることはできない。

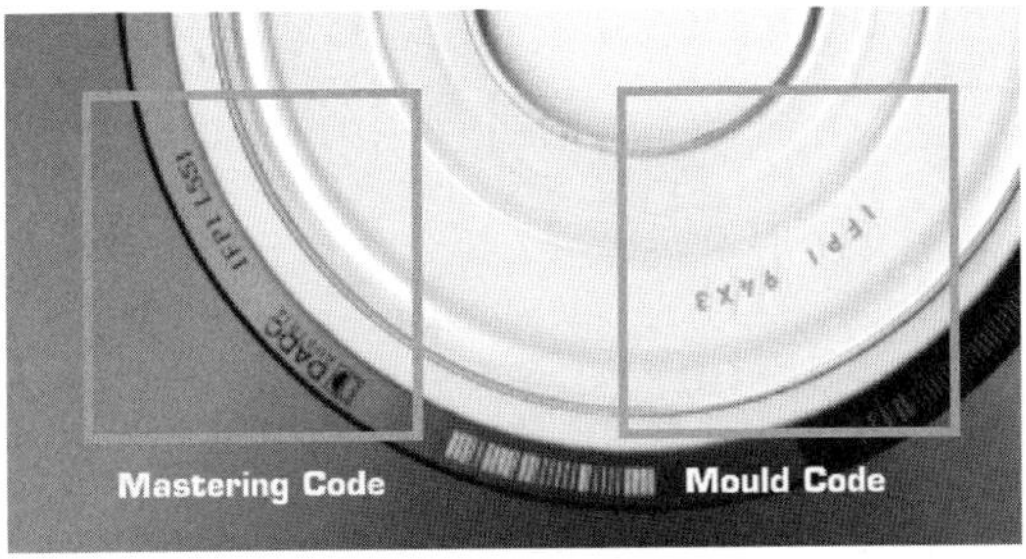

図 5·1　SID コード

図 5·2　ISRC（出版社名の下）

海賊版のＳＩＤコードがわかれば、ＩＦＰＩやフィリップス社はそのディスクの製造者を識別することができ、違法業者として取り締まることができる。海賊版の製造者にしてみれば、ＳＩＤコードを残したまま製品を市場に出すことには危険がある。逆にいえば、ＳＩＤコードが意図的に消されたディスクは、まちがいなく海賊版だということができる。海賊版の製造者は、あの手この手でＳＩＤコードを消している。コードの上から瞬間接着剤のようなものを塗ったり、何か尖ったもので乱暴に引っかいてコードを潰したり、さらにはコード部分が機械で同心円状にきれいに削り取られていることもある。

意図的に消去されたものがあるいっぽうで、ＳＩＤコードが最初から刻印されていないとみられる海賊版ディスクも少なからず存在する。とくにマスタリングＳＩＤコードは、むしろ刻印されていないディスクの方が多い。日本国内にある正規のディスク製造装置には、モルドＳＩＤコードが刻印されないものがある。わたしの調査では、タイやロシアで生産されたとみられるディスクには、正規版と思われるものにもＳＩＤコードは刻印されていない。どうやら、ＳＩＤコードによる管理の程度は、国によって異なっているようである。二〇〇二年ころ以後に東アジア圏で製造されたとみられるディスクにもモルドＳＩＤコードのないものが見受けられ、このころを境にＩＦＰＩのライセンスを得ていない製造機械が東アジアに出回ったことが、ひとつの可能性として考えられる。

ＩＳＲＣは、レコーディング（収録及び編集作業によって得られた成果）を識別する国際標準コードで、IFPIが発行している（**図5・2**）。日本では日本レコード協会（RIAJ）が国内ISRC登録機関で、台湾ではIFPI台湾会員基金が、中国本土と香港はIFPI香港グループがカバーしている。わたしが調べた限りでは、中国本土で売られているVCDやDVDには海賊版も含めてほとんどのディスクにISRCが明記されている。いっぽうで、台湾・韓国製のものにISRCが印字されているケースは少ないようである。

ISRCは、「ISRC」というコード識別名につづいて、二文字の国コード（日本なら「JP」、中国なら「CN」）、三文字の登録者コード、二文字の年次コード、五文字のレコーディング番号から構成されている。このコードは、ディスクのマスターの製造者と製造年を知るためのある程度の目安になる。しかし、ISRCそのものが偽造されているケースもあり、全面的に信頼できる情報ではない。

つぎにタイムスタンプについてみておこう。VCDもDVDも映像・音声ファイルはパソコンのファイルとおなじなので、その作成日時をパソコンでみることができる。これらのタイムスタンプは、そのディスクのマスターを作成したオーサリング・ソフトを動かしたパソコンのシステム時計を反映したものであり、一部の例外を除いてその数値はおおむね信頼できる。

VCDもDVDもそれを構成するファイルは複数ある。ここでは、タイムスタンプをひとつに

(47) http://www.ifpi.org/content/library/ sid-code-implementation-guide.pdf

決めるために、ＶＣＤの場合は最初の動画ファイルのタイムスタンプを、ＤＶＤの場合はディスク制御情報が格納されているファイルのそれを採用した。複数枚のディスクで構成されているタイトルの場合は、一枚目のディスクのタイムスタンプで代表させることにした。連続ドラマやアニメの場合は、必要に応じて最終回が収録されているディスクのタイムスタンプも併用した。

ディスク分析からわかること

ディスク分析の方法を使えば、日本製コンテンツの海賊版の製造・流通についてどのようなことをあきらかにできるのだろうか？　中国国内で販売されていたＶＣＤとＤＶＤのうち、発行元がいずれも「厦門音像出版社」と記されたものを例にしてみてみよう(48)。

表5・1中①―⑥は二〇〇七年に販売されていたＶＣＤで、再生不能の④を除いてタイムスタンプは二〇〇一年である。①②⑤⑥は、映像中の左肩に「環球」という文字をあしらったロゴが字幕で入っている。これがどの会社のロゴなのかわからないが、ケーブルテレビなどを録画したものを映像ソースにしている可能性が高い。また④は二枚組のＶＣＤであるが二枚とも再生不能で、パソコンによるファイル読み取りもできなかった。①―⑥はパッケージの装丁が共通しており、モルドＳＩＤコードは上三文字がすべて「Ｚ２０」であることから、おなじ工場で製造されたことを示している。これらを総合的に判断すると、①―⑥のＶＣＤは海賊版だと判定できる。

⑦―⑨のＤＶＤは、モルドＳＩＤコードの上二文字がおなじ「Ｋ１」なので、おなじ工場で製

表5·1 「厦門音像出版社」の表示があるディスクの例

No.タイトル	販売地(年)	フォーマット	モルドSID	ISRC	タイムスタンプ	備考
①ホルスの大冒険	上海？(2007)	VCD	Z205	CN-E20-97-0042-0/V.G4	2001.11.25	1)
②天空の城ラピュタ	上海？(2007)	VCD	Z204	CN-E20-97-0039-0/V.G	2001.12.8	1)
③となりのトトロ	上海？(2007)	VCD	Z200	CN-E20-97-0035-0/V.G4	2001.11.27	
④風の谷のナウシカ	上海？(2007)	VCD	Z206	CN-E20-97-0040-0/V.G4		再生不能
⑤火垂るの墓	上海？(2007)	VCD	Z204	CN-E20-97-0037-0/V.G4	2001.11.27	1)
⑥魔女の宅急便	上海？(2007)	VCD	Z206	CN-E20-97-0038-0/V.G4	2001.11.26	1)
⑦となりのトトロ	北京(2005)	DVD	K114 K115	CN-E20-97-0035-0/V.G4	2003.2.20 22:25	
⑧となりのトトロ	上海(2007)	DVD	K139	CN-E20-97-0035-0/V.G4	2003.2.20 22:25	2)
⑨風の谷のナウシカ	上海(2007)	DVD	K114 K115	CN-E20-97-0040-0/V.G4	2003.2.20	2)

1) 映像中に「環球」のロゴあり
2) 空港内の売店で販売

造された可能性が高い。⑦と⑨のモルドSIDコードは、「K114」「K115」で完全に一致するので、おなじ工場で作られている。なかでも⑧と⑨はパッケージの作り方も丁寧で、街中ではなく上海の国際空港内の売店に並べられていたこともあり、海賊版を疑わせる要素はひとつもなかった。

ISRCに着目すると、③⑦⑧の「となりのトトロ」、④⑨の「風の谷のナウシカ」は同一のコードが表示されており、これらの映像ソースがおなじであることを示唆している。VCDとDVDの違いはあるとはいえ、おなじ出版社の表記があるおなじタイトルにおなじISRCがふられていることから、これらのディスクのあいだには何らかのつながりがある。だが、出版社名とISRCが偽造されている可能性を考えると、おなじ会社の製品と断定することはできない。⑦と⑧は販売地が北京と上海であり、⑦はビニール袋に入った紙パッケージであるのに対して⑧は上質なDVDケース入りという違いがあるものの、タイムスタンプは分単位でおなじであり、両者は兄弟コピーであることがわかる。

つぎに問題になるのが、出版社やISRCの表示に偽装がないかという点である。①―⑥のVCD群は海賊版が疑われるのだが製造日はDVDよりも古い。⑦―⑨のDVD群のISRCは、VCD群のそれと共通しているので矛盾はない。しかし、VCD群が海賊版だとするならば、ISRCが一致しているDVD群も海賊版である可能性がある。

これらのことを総合すると、ディスク分析の結果からは、①―⑥のVCDは「厦門音像出版社」を名乗る海賊版とみられる。⑦―⑨のDVDは、国際空港内という販売状況を考えると正規版である可能性が高いと推測していたが、①―⑥のVCD同様、海賊版である疑いも出てきた。

以上の推論を確認するために、厦門音像出版社出版事業部に問い合わせてみたところ、同社は宮崎アニメを発行しておらず、これらはすべて海賊版だとの返答があった(49)。

流通のスピード

以上のようなディスク分析を、日本製コンテンツを中心とした約一五〇タイトルのディスクに対して行った。作品が公開されてからディスクが製造され、市場に出回るまでの時間を知るには、作品の公開日、タイムスタンプ、販売日を比較すればよい。この方法では、そのディスクが出回るまでの最短の時間はわからないが、遅くともいつまでに販売されたかは把握できる。

二〇〇五年一〇月三日に香港の旺角《モンコック》で、テレビドラマ版の「電車男」(二〇〇五年)のDVDが売られていた。パッケージの上半分がドラマ版主演の伊東美咲と伊藤淳史、下半分が映画版主演の山田孝之と中谷美紀なので、一見して海賊版とわかった。ちょうど香港では映画版「電車男」の公開時期にあたっており、そのポスターが地下鉄の駅などに張り出されてあった。パッケージの下半分は、そうした映画プロモーションに便乗する意図があったのだろう。

発行元は台湾の「東京製作」と表示されていた。ドラマの最終回の放映は同年九月二二日の二二時台で、最終回が入ったディスクのタイムスタンプは九月二三日二一時三三分だった。タイムスタンプを信頼するならば、時差を考慮しても放映から二四時間以内に字幕入りマスターが完成し、質のよいパッケージに入れられて、一一日後には香港の市場に出回っていたことになる。

---

(48) 調査にあたっては、京都国際マンガミュージアムの協力を得た。
(49) この調査には呉咏梅氏の助力を得た。

二〇〇七年一二月の上海の路上では、ドラマ版「華麗なる一族」（二〇〇七年）のＤＶＤが売られていた。パッケージに借用されているイメージは、「華麗なる一族」ではなく、おなじ木村拓哉が主演した「ＨＥＲＯ」（テレビドラマ版、二〇〇一年）のものだった。発行元の記載はどこにもなく、最終回が入ったディスクのタイムスタンプは、〇七年三月二二日六時二二分だった。テレビドラマの最終回は、同年三月一八日の二一―二二時台の放送だったので、字幕入りマスター製作は三日ほどで完了したことになる。

これらの実例から、二〇〇五年以後はほんの数日もあれば、放送をエアチェックした素材から中国語の字幕入りの海賊版マスターデータを作ることができた状況が読み取れる。〇五年には「ファンサブ」がインターネットですばやく流通する時代になっていたことを考えると、海賊版ＤＶＤの製造工程のなかでもとくに時間がかかる翻訳部分に、ファンサブ製作と同様の手法を使ったか、あるいはファンサブそのものを利用して全体の製造期間を短縮していたのではないだろうか。

ちなみに、日本国内でＤＶＤが正式にリリースされたのは、「電車男」が二〇〇五年一二月、「華麗なる一族」は〇七年七月で、どちらも放送から数ヶ月の間隔を空けて販売されている。もちろん画質は正規版のほうが優れていて、ＤＶＤだけの特典映像もついている。だがこれらの正規版は日本以外のアジア諸国では販売されておらず、正式な外国語字幕版も存在しない。

多様性と越境力

海賊版が出回っているものは、宮崎アニメや北野武の映画、人気テレビドラマのように、日本で市場性の高いコンテンツばかりではない。日本で一般にあまり知られていない「マイナーな」作品も海賊版でよく流通している。たとえば、二〇〇五年四月の上海では映画「SUPPINぶるうす　ザ・ムービー」（二〇〇三年、同月の北京ではテレビアニメ「風まかせ月影蘭」（二〇〇〇年一―四月放映、WOWOW）、アニメ映画「老人Z」（一九九一年）、〇六年六月のハノイではテレビアニメ「ヴァンドレッド」（二〇〇〇年一〇―一二月放映、WOWOW）、〇七年一二月の上海ではテレビドラマ「ティッシュ。」（二〇〇七年四―六月放映、テレビ朝日・深夜放送）といった、日本であまり聞かない作品の、海賊版とみられるDVDが販売されていた。

無数にある日本製コンテンツのどれが好まれるかは、国や地域によって違うだろう。しかし、日本で大きく売れることのなかった「マイナーな」作品を、失敗するリスクを背負ってまで海外で販売しようとする権利者はいない。投資を回収できる見込みのあるごく一部の作品しか、正規版として海外で流通することはない。

ところが、海賊版業者にとっては、たとえ売れなくても経済的な損失は少ない。その結果、日本で「マイナー」だった作品でも海外の市場に出回ることになる。こうして正規版をはるかにしのぐ豊富な作品群が、海賊版として日本以外のアジアの市民に伝えられている。

二〇一〇年一一月のハノイでは、「キャンディ♥キャンディ」のアニメのブルーレイディスクなるものが売られていた。第2章でみたように「キャンディ♥キャンディ」のDVDは、日本国内では販売されていない。ブルーレイだというのも虚偽の表示だろう。また一一年一月の台北では、都心の大きなDVD店でNHK紅白歌合戦のDVDまで売られていた。もちろん、これらが正規版ではないことは、ディスク分析をしなくてもわかる。

このように、海賊版には圧倒的な越境力がある。その力は、ときに政治的・宗教的な壁をも越えて行く。韓国では戦後、一九九八年まで日本の大衆文化は解放されていなかった。ところが、アニメ映画「風の谷のナウシカ」(一九八四年)、「天空の城ラピュタ」(一九八六年)、「平成狸合戦ぽんぽこ」(一九九四年)の韓国語字幕のついたVCDが、CD—Rに焼かれて販売された。これほど有名な作品に、CD—Rという書き込み可能型メディアが使用されていることからも海賊版と判定できる。いずれも二〇〇三年にソウルで販売されたものであるが、タイムスタンプはすべて一九九七年である。九八年の日本製大衆文化の開放よりも早いことから、これらのVCDは韓国政府の規制をかいくぐって出回っていた可能性がある。

ハリウッド映画ではあるが、二〇〇六年にエジプトのアレキサンドリアでみかけた映画「ダ・ヴィンチ・コード」(二〇〇六年)のディスクは興味深かった。繁華街にあるキオスクのようなDVDショップの、手に取れない奥まったところにそれは置かれてあった。わたしがしげしげと眺めていると、「それはキリスト教の映画だから、「イスラム教の国では」あまり堂々と売ることができないんだ」といいながら、店員は棚から下ろしてみせてくれた。わたしのような外国人向けの商品だったのだろうか。パッケージはドイツ語で、タイトルだけアラビア語が追記されてあった。ホテルでディスク分析をしてみたところ、パッケージにはDVDと書かれてあるが中身はVCDだった。しかも映像はどうみても映画館で盗撮されたもので、アラビア語の字幕が焼き込まれてあった。海賊版は宗教の壁をも越えて文化を伝えるのかと、感嘆した覚えがある。

海賊版の経済・社会学

これまでみてきたように、海賊版ディスクは圧倒的なスピードと流通力でコンテンツを諸国に広める役割を担っていた。そうした状況を生み出した技術的な要因は、すでに述べたように、ディスク製造プロセスに秘められたコピー力にあった。そのほかに、経済的・社会的な要因も海賊版の拡散にはからんでいる。

まずは経済的な要因についてである。著作物を含む「情報財」には、初期費用は高いが財の追加的な一単位の生産に要する費用（限界費用）は極端に低いという性質がある。じっさい、工場でスタンパーから大量生産されるディスクの原材料費は、二〇〇八年時点でDVD―9で三米セントほど、DVD―5で二米セントほどだった。当時の中国では都市部の住民の平均月収は三〇〇米ドルといわれていたので、一枚一米ドルの海賊版ディスク一〇数枚程度の販売利益で、一家族が都会で一日生活できたことになる。日本以外のアジア諸国の貧困や所得格差の問題から目をそらして、法律や条約、道義的な理由、日本の利益の視点だけから海賊版の問題を考えてはいけないのだ。

メディア・コンテンツのように排他的権利を持つ者がいる「情報財」の場合、権利者は独占者として振る舞い、自らの利潤を最大にするよう価格と生産量を決定する。ところが市場には、価格がより低ければコンテンツを購入する潜在的な需要が隠れている。海賊版はその潜在的な需要を顕在化して収益を得るものである。海賊版が大量にあらわれると、利潤最大化モデルが崩れてしまうので、権利者はコンテンツ生産を見合わせることになりかねない。海賊版が非難される経済学的な根拠はこの点にある。

しかし現実には何が起きただろうか？ 確かに、日本の権利者は海賊版によって利潤最大化モデルが壊されることを嫌って、日本以外のアジア市場でのコンテンツ販売を避けてきた。そのすき間を縫うように、日本製コンテンツの海賊版がアジアに蔓延した。それによって日本の権利者は経済的な打撃を受けただろうか？

現実はまったく逆である。海賊版によって日本製コンテンツへの需要が生まれ、それまで存在しなかった市場があらわれた。つまり、固定された市場サイズを前提にした単純なモデルでは、海賊版がはたす経済的な役割を説明できないのである。海賊版には市場の創出・拡大という、経済学的にも見逃せない効用がある。しかし、海賊版撲滅を口にする権利者が、その効用を語ることはない。

では、海賊版が広がる社会的な要因はどうだろうか。呉咏梅は、日本のテレビドラマが中国の若者にとって「暮らしのカタログ」になっていて、その「カタログ」を頒布したのが海賊版だったという[50]。そういった効果のほかに、有り余るほどの大量の文化的イメージを海賊版が無秩序に広めたこと、それによってアジアの映像生産者・消費者のコンテンツ選択の幅を広げることになったことを指摘したい。

テレビや映画の映像コンテンツの場合、日本の権利者が許可し、アジア各国の政府も流通を認めた作品は、二〇〇五年を過ぎるまではたいへん少なかったようだ。アジアに流通した日本の映像コンテンツはほとんどすべて海賊版であり、どの作品をディスクにして販売するかのフィルタは、無いに等しい状態だった。その結果、日本では知名度の低い作品でも海賊版になって流通した。あふれんばかりの映像群のなかから、「映像文化のモデル」を選択し、自国の映像文化を創造・消費するさいの基準作として使用することができたのだ。たとえば、東南アジアでは日本の怪奇映画を模倣、あるいはパロディにした映画が少なからず作られている。アメリカやヨーロッパの映画やテレビ番組をモデルにしながら、日本の映像産業が育っていったのとおなじことが、東南アジアで起きている。

海賊版ディスクはたいへん廉価であるとはいえ、工場で大量生産され独自の流通網で販売される「商品」である。ところが、ネットによる違法ファイルの流通は、基本的にファン活動であっ

(50) 呉、前掲論文。

て、値段のついた「商品」ではない。彼らの活動は違法なものではあるが、正規版が市場に投入されたときに最初に購入してくれるのも彼らである。規制を強くし過ぎると、日本製コンテンツからファンが離れていってしまうかもしれない。

海賊版の流通がディスクからネットへと変わったことにより、より多くの映像がより早く広がり、過去の作品もよりかんたんに入手できるようになった。それによって、海賊版の世界でも日本のコンテンツが他国との競争にさらされるようになっている。権利者側は、ただ強権的に抑圧するだけでは済まない、複雑で難しい対応を迫られている。ファン活動を違法なものとして抑え込むのはなく、逆にその流通力を宣伝の一形態として活用する工夫が、権利者には必要だろう。同時に、権利者の得るべき利益が損なわれ過ぎないよう配慮する姿勢が、ファンの側にはいっそう求められる。

ビジネスソフトの違法コピー

つぎに、エンターテイメント系のコンテンツの海賊版を離れて、ビジネスソフトのそれへと視点を移し、考察の幅を広げていこう。ビジネスソフトウェア・アライアンス（ＢＳＡ）という業界団体がある。ＢＳＡは、ビジネスソフトウェアの著作権の啓発活動や、会社などでの違法コピーの内部告発の受付、著作権についての政策提言、調査分析活動などを行っている。本部はアメリカのワシントンＤＣにあり、日本を含む世界の八〇ヶ国以上で活動している。会員社にはアドビ、アップル、オートデスク、デル、インテル、マカフィー、マイクロソフト、シマンテックなど、ビジネスソフトの販売会社やパソコンメーカーなどが名前を連ねている。

ＢＳＡは、調査会社のインターナショナル・データ・コーポレーション（ＩＤＣ）と協力して、世界各国でのビジネスソフトウェアの違法コピー率などを毎年調査し、レポートを公表している。(51)レポートでは、その国全体でパソコンにインストールされたソフトウェアの数（Ａ）と、それらのうちライセンスされていないソフトウェアの数（Ｂ）を推定して、Ｂ÷Ａ×一〇〇をその国の違法コピー率としている。

二〇〇九年の世界の違法コピー率は四三パーセントで、前年から二パーセント増加した。違法コピー率が高いワースト五は、つぎの国々である。

国名	違法コピー率（％）
グルジア	九五
ジンバブエ	九二
バングラデシュ	九一
モルドバ	九一

(51) http://portal.bsa.org/globalpiracy2009/studies/09_Piracy_Study_Report_A4_final_111010.pdf

アルメニア	九〇
イエメン	九〇

ちなみに、「海賊版地帯」として一部で悪名高い中国、香港、台湾は、それぞれ七九、七五、三八パーセントである。

いっぽう、違法コピー率が低いベスト五は、つぎのような国々になっている。

国名	違法コピー率（%）
アメリカ	二〇
日本	二一
ルクセンブルク	二一
ニュージーランド	二三
オーストラリアほか六ヶ国	二五

違法コピー率が高いのは低所得国、低いのは先進国という構造が、これらのリストからみえてくる。

海賊版による実被害は、違法コピー率ではなく損害額でみるべきだろう。違法コピー率がおなじでも、パソコンの台数が多い国のほうがインストールされているソフトの数も多いので、より多くの被害が出ていると考えられるからだ。二〇〇九年の世界での海賊版ビジネスソフトの被害額は五一四億米ドルで、前年から三パーセント減少した。同年の被害額のワースト五を億米ドルの単位でみておこう。

国名	被害額（億米ドル）
アメリカ	八三・九〇
中国	七五・八三
ロシア	二六・一三
フランス	二五・四四
ブラジル	二二・五四

先ほどの違法コピー率ワースト五とは打って変わって、先進国と中興国が上位を占めている。ちなみに日本は一八・三八億米ドルで、世界で八番目に被害の多い国になっている。

ここから得られるのは、低所得国でも先進・中興国でもソフトの違法コピー対策を引きつづきしっかりと、という結論になるのだろう。しかし、ここではうわべの数字ではなく、その背後にある構造を批判的に読み解いてみたい。

まず、ビジネスソフトの違法コピーの被害額の推移を世界全体でみたグラフを図5・3に示した。二〇〇九年に被害額はやや減ったものの、世界的な傾向として被害は増えつづけていたことになる。だが、この違法コピー被害額という数字は、そこに関係する要因が多過ぎて、いったい何が反映されたものなのかがよくわからない。経済発展や人口増によってパソコンの台数やインストールするソフトの数が増えたら被害額は上がる。為替変動の影響も受ける。さらには、監視対象のソフトの数や価格が上がれば、被害額はそれに連動して上がる。つまり、対策の必要性を訴えるプロパガンダとして、被害額の数字は有効かもしれないが、違法コピーに対するひとびとのマインドをはかる指標としては、あまり意味のない数字だといってよい。たとえば、〇九年の被害額減少の要因は、前年九月のリーマン・ショックの影響によってパソコンの総数が減ったことによるものであって、違法コピーを利用しようという気運が減ったのではないだろう。

つぎに世界の違法コピー率の推移を地域別にみてみよう（図5・4）。これによると、二〇〇九年の世界全体の違法コピー率は、四年前から八パーセント上昇している。ところが、地域別の違法コピー率は、アジア太平洋を除いて微減している地域が多い。多くの地域で微減している数字が、なぜ世界全体では大きな上昇となるのだろうか？　ＢＳＡのレポートでは、その理由としてブラジル、インド、中国でパソコンの出荷台数が急激に伸びたからだと説明している。つまり、違法コピー率が平均以上の国々が経済成長してパソコンの出荷台数が増えたら、それだけで世界の違法コピー率は上がるということだ。

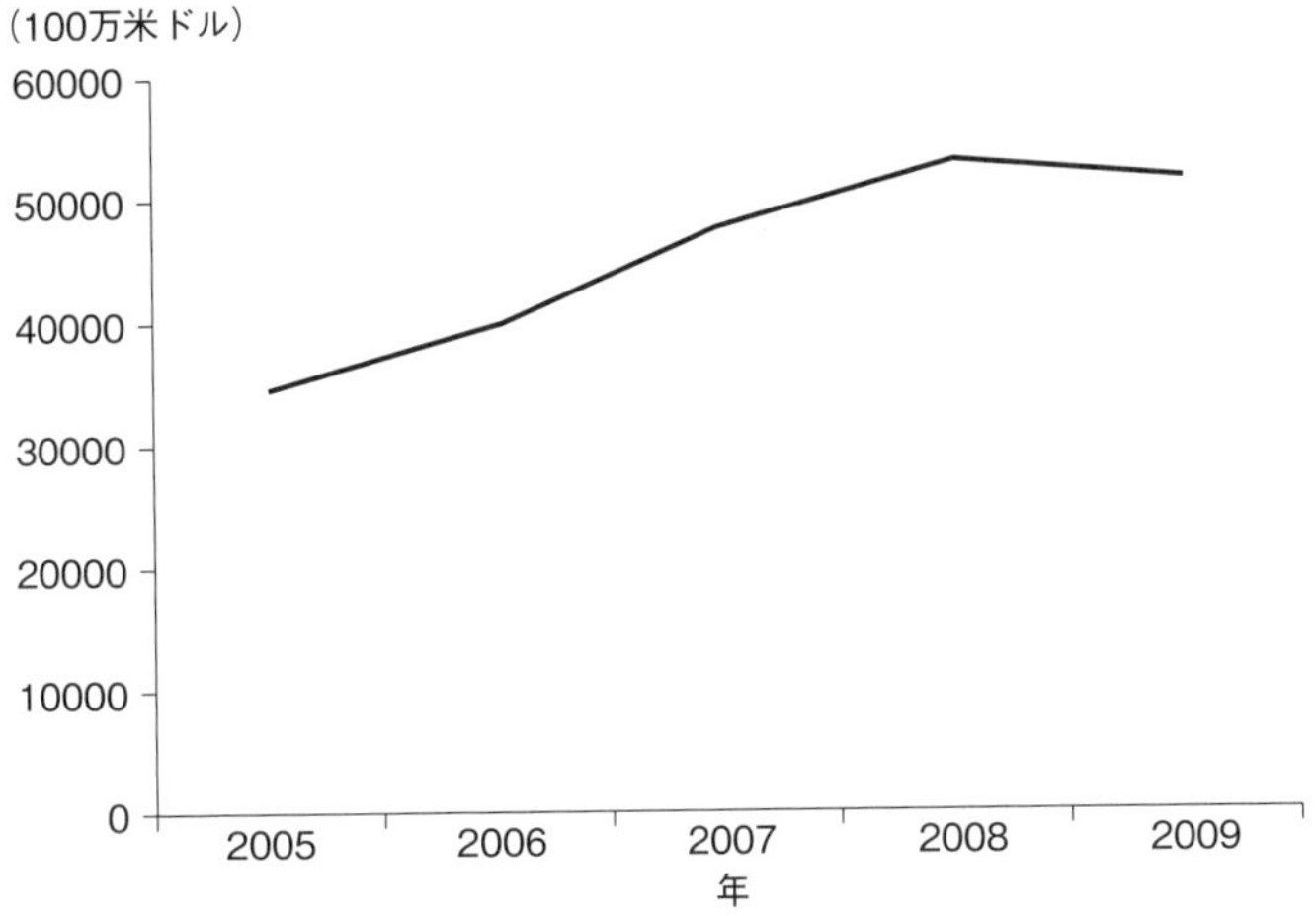

図5·3　ビジネスソフトの違法コピー被害額の推移(世界)

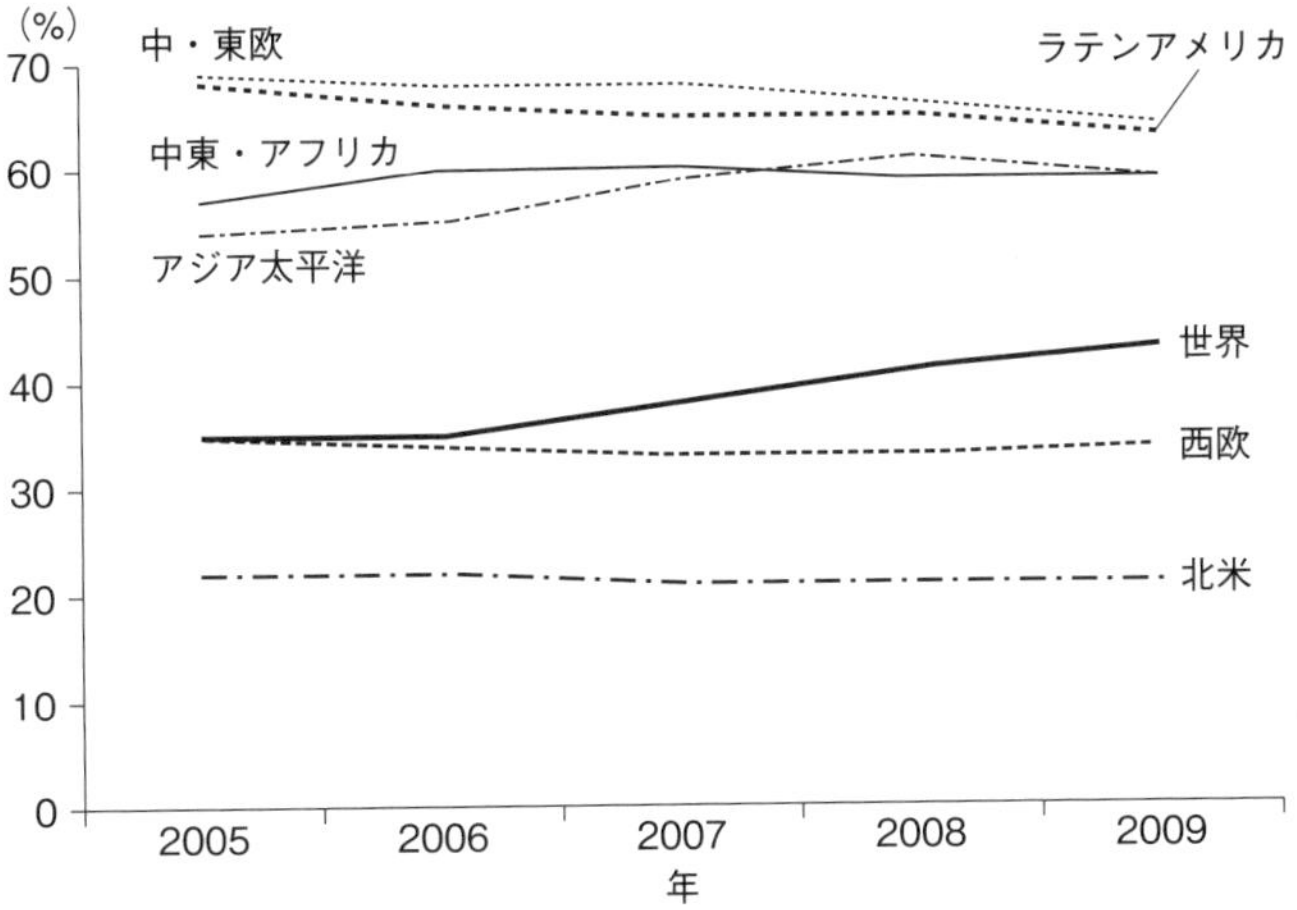

図5·4　ビジネスソフトの違法コピー率の推移

ＢＳＡのレポートには、そういった数字の「機微」がほかにもみえる。たとえば、アジア太平洋地域の国々での違法コピー率の推移をみると、二〇〇六年からスリランカ、〇七年からブルネイという違法コピー率の高い国々が、集計対象に加わっている（**表5・2**）。ちなみに、中・東欧などほかの地域でも違法コピー率の高い国が途中から追加されている。これらの国々のパソコン市場は小さいとみられるので、集計に追加したことによってアジア太平洋地域の全体の違法コピー率が大きく変わったとまではいえない。しかしそれにしても、集計対象国が変化した前後では、違法コピー率を単純に比較することはできないだろう。

つぎにビジネスソフトの違法コピーの、経済的な要因について考えてみよう。**図5・5**は、横軸に二〇〇九年のひとりあたり国民総所得（千米ドル）を、縦軸にそれぞれの国の違法コピー率をプロットし、対数近似による回帰曲線を描いたものだ[52]。全体的な傾向としては、ひとりあたり国民総所得が上がるにしたがって違法コピー率が減る傾向がみられる。ただし、産油国でひとりあたり国民総所得が際だって高いカタールだけが、特別な位置にある。

図5・5をもっと詳しく検討してみよう。ひとりあたり国民総所得が一万米ドル未満の国々では、南アフリカとレユニオンを除いて違法コピー率が五〇パーセントを超えている。これらの国々は貧困のため、正規版の購買力がないからだといってよいだろう。いっぽう、ひとりあたり国民総所得が四万四〇〇〇米ドル以上の国々の違法コピー率は低い。違法なことをしなくても、正規版を買いそろえる経済力が備わっているからだと理解できる。そして、ひとりあたり国民総

表5･2　アジア太平洋地域のビジネスソフトの違法コピー率の推移

	2005	2006	2007	2008	2009
オーストラリア	31	29	28	26	25
バングラデシュ	-	92	92	92	91
ブルネイ	-	-	67	68	67
中国	86	82	82	80	79
香港	54	53	51	48	47
インド	72	71	69	68	65
インドネシア	87	85	84	85	86
日本	28	25	23	21	21
マレーシア	60	60	59	59	58
ニュージーランド	23	22	22	22	22
パキスタン	86	86	84	86	84
フィリピン	71	71	69	69	69
シンガポール	40	39	37	36	35
韓国	46	45	43	43	41
スリランカ	-	90	90	90	89
台湾	43	41	40	39	38
タイ	80	80	78	76	75
ベトナム	90	88	85	85	85
その他	82	86	91	91	90
アジア太平洋全体	54	55	59	61	59

表5･3　ひとりあたり国民総所得と地域別国数

	A (40,000米ドル-)	B (10,000-43,999米ドル)	C (-10,000米ドル)
西欧	10	10	0
北米	2	1	0
中東	2	5	5
アジア太平洋	0	8	10
中・東欧	0	9	15
アフリカ	0	1	15
ラテンアメリカ	0	1	17

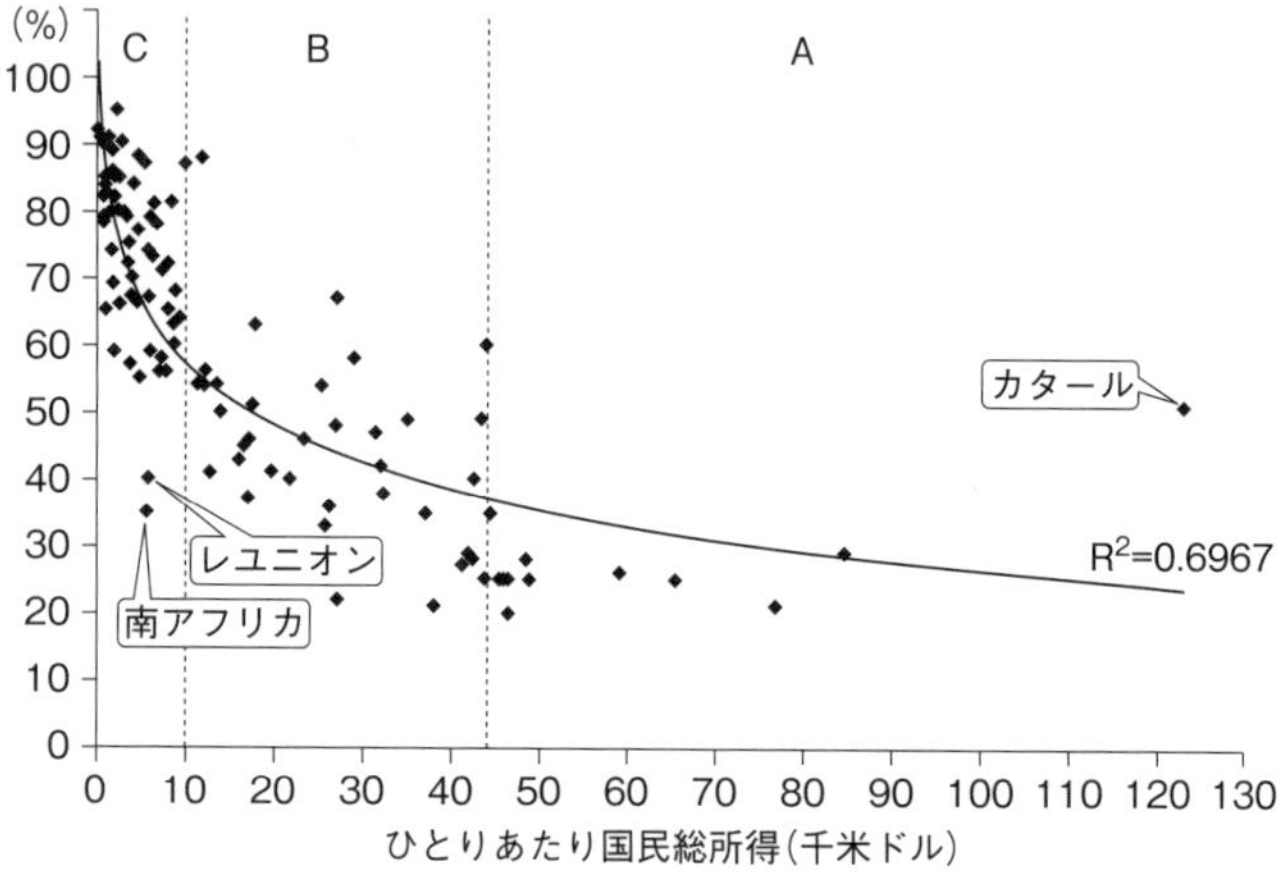

図5·5　2009年のひとりあたり国民総所得とビジネスソフトの違法コピー率

所得の水準が一万ドルから四万四〇〇〇米ドルの範囲にある国々では、違法コピー率のばらつきが大きい。これらの国々は、経済成長によって正規版の購買力を持つにいたる過渡期にあると解釈できる。違法コピーから正規版への移行をうながすキャンペーンは、これらの中興国で行うのがもっとも効果的だといえそうだ。

ビジネスソフトの違法コピーの撲滅運動が、世界経済にどのような結果をもたらすのかをもっと考えてみよう。ひとりあたり国民総所得が四万四〇〇〇米ドル以上をカテゴリーA、一万—四万三九九九米ドルをカテゴリーB、一万米ドル未満をカテゴリーCとし、世界の国々を西欧、北米、中東、アジア太平洋、中・東欧、アフリカ、ラテンアメリカに分類するならば、それぞれのカテゴリーに属する国々の数は**表5・3**のようになる。所得が低く違法コピー率が高い国々は、ラテンアメリカとアフリカの大部分と中・東欧、アジア太平洋の半分弱ほどである。反対に所得が高く違法コピー率が低いのは西欧の半分と北米、そして中東産油国の一部に限定される。

ＩＴ化が進んだ現代では、ビジネスソフトの利用は経済成長に欠かせない。ところが所得の低い国々では、正規版を購入できないため違法コピーを利用せざるを得ない。そこへ西欧文化圏に属する先進国のソフト会社が違法コピー撲滅を訴えることは、究極的には現在の経済格差を維持、あるいは広げる効果を持つ。現在の経済格差は、西欧諸国による不当な植民地支配にみなもとがあることを考えると、先進国からの違法コピー撲滅の訴えは、はたして完全に公正といえるだろうか?

図5・5からは、ひとりあたり国民総所得が上昇するにしたがって、違法コピー率が減る傾向がはっきりみられる。それならば、むしろ最初は違法コピーでも利用を許し、ＩＴ化したビジネスで経済成長し、それによって早く購買力を備えてもらって正規版への移行をはかることが、ビジネス手法として有効ではないだろうか。ソフトのシェア獲得の観点からも、違法コピーの黙認という手法には大きな効果がある。違法コピーを認めることにはどうしても抵抗があるのならば、国を限ってのフリーサービスや大幅ディスカウントを、もっと積極的に展開するべきだろう。そ

(52) 国民総所得は世界銀行のアトラス法による。

れは、過去の植民地支配を償うための開発援助にもなる。

ビジネスソフトの違法コピーは、技術革新によってその姿を大きく変えていくだろう。パソコンにインストールして使用することから、サーバーにあるソフトをネット経由で使用することへと、利用形態が変わってきている。こういった「クラウド化」と呼ばれる変化が進めば、ＢＳＡの現在の調査手法では違法コピーの実態をとらえられなくなる。それと同時に、クラウド化によってソフト使用料金が安価になれば、より多くのひとびとが正規版を使えるようになり、違法コピーを減らす助けにもなるだろう。

第6章　著作権秩序はどう構築されるべきか

秘密主義へ

この本では、著作権法の規制が日本で急速に強くなっていることの背景を探ってきた。そして、立法過程において市民が多様な意見を表明するオープンな議論が欠かせないことを主張してきた。また、とくに国際的な著作権については、保護一辺倒では近視眼的に過ぎることも述べてきた。しかし、現実にはいっそうの秘密主義のもと、より強い権利保護へと世界は向かっている。

歴史を少し振り返ってみよう。世界の著作権秩序が作られたのは、一八六六年の「文学的及び美術的著作物の保護に関するベルヌ条約」（ベルヌ条約）が最初である。この時代、コンピュータはもちろんのこと、蓄音機も映画もまだ存在せず、写真は化学の一部だった。ベルヌ条約を提唱したのは、フランスの作家ヴィクトル・ユーゴー（一八〇二―一八八五）だったことも、よく知られている。

日本がベルヌ条約に参加するべきかどうかをめぐっては、盛んに議論がなされていた。ベルヌ条約に加入すること、そのために近代的な著作権法を作ることが、幕末に結んだ不平等条約撤廃の条件のひとつとして、欧米列国から突きつけられていたのだ。日本は翻訳によって欧米文学を学んでいた時期だったので、ベルヌ条約によって自由な翻訳ができなくなっては、日本の文運は尽きるという文化人や有力政治家の論調もあった。たとえば、政治家の鳩山和夫（一八五六―一九一一）などは、ベルヌ条約に加盟することは日本にとって不利益なことで、これによって文化と国運が妨げられるとまで主張した[53]。不平等条約撤廃という悲願を実現するために、ベルヌ条約への加盟は官の主導で進められた。しかしそこにいたるまでには、多くの議論があったことが記録からうかがえる。

ベルヌ条約には、アメリカ、ソビエト連邦のほか多くの発展途上国は参加しなかった。二度の大戦を経て、戦後の世界の著作権秩序は、このベルヌ条約と、アメリカなどのベルヌ条約に加盟していなかった国も参加した「万国著作権条約」（一九五二年採択）とで保たれた。両者の大きな違いは、ベルヌ条約は登録もコピーライトを表示しなくても権利が生じる「無方式主義」を、万国著作権条約は著作物を登録し©マークを表示しないと権利が生じない「方式主義」を取ったことである。ちなみに、ベルヌ条約加盟国のほとんどは、万国著作権条約にも入った。しかし、一九八八年にはアメリカがベルヌ条約を批准し、万国著作権条約の重要性は大きく低下した。

ベルヌ条約をはじめとする知財関係の条約を担当する専門機関として、一九七〇年に「世界知的所有権機関」（ＷＩＰＯ）が国連のもとに設置された。ところがＷＩＰＯは、先進国と途上国の利害が衝突して、調整機関としての役割をはたせなくなっていった。そうしているあいだにも、グローバル化が進展し、貿易における知財保護の重要性は高まっていった。

そこで、ＷＩＰＯとおなじ国連の専門機関である世界貿易機関（ＷＴＯ）に交渉の場が設けられた。そうして、貿易振興の観点から知財の保護秩序を作る「知的所有権の貿易関連の側面に関する協定」（ＴＲＩＰＳ協定）が一九九四年に作成された。ＴＲＩＰＳ協定ではベルヌ条約を遵守することとともに、知財保護を強化することを加盟国に求めている。ＴＲＩＰＳ協定以後の国際著作権は、文化から貿易・経済へと文脈を移したといえる。それに応じて日本では、文化庁に加えて当時の通産省も著作権プレイヤーとして力を持つようになっていった。

いっぽうＷＩＰＯにおいても、インターネット時代に対応して規制を強くした「著作権に関する世界知的所有権機関条約」（ＷＩＰＯ著作権条約）が一九九六年に作成され、三〇ヶ国の批准を得て二〇〇二年に発効した。日本は二〇〇〇年にこの条約に加入し、それに対応するために「公衆送信権」「送信可能化権」を導入する著作権法改正を一九九七年に行った。

著作権の議論がＷＩＰＯやＷＴＯで行われることの問題点は何だろうか？　それは、どちらの機関でも議論は政府の代表者が行うので、国内法の改正のように国内で議論になることは少ない。

(53)　詳細は、山田奨治『日本文化の模倣と創造——オリジナリティとは何か』角川選書、二〇〇二年参照。

しかもそこで決められたことが、国内法の改正に向けた所与の条件になってしまう。条約でそうなったのだからしかたないと、議論の余地がなくなってしまうのだ。

この文章を執筆している二〇一一年四月時点で進行中のことに、日本が主導する「模倣品・海賊版拡散防止条約」（ACTA）締結に向けた動きがある。この条約はもともと、「知的財産推進計画二〇〇五」に書かれ、当時の小泉首相が〇五年のグレンイーグルス・サミットで提唱したものだ。ACTA締結に向けた集中的な協議を開始することが、〇七年一〇月に経済産業省からアナウンスされたものの、その後の協議は徹底的な秘密主義のもとに置かれた。国民生活に深く関係する条約なのに、外交機密の名のもと、国民の誰にもその内容を知らせないようにしながら交渉が進められたのだ。

ACTA交渉の秘密主義については、各国の識者から批判が寄せられた。そしてドラフトが二〇〇八年五月から順次ウィキリークスに流出するにおよんで、その内容に対する批判が巻き起こった(54)。原案が正式に公表されたのは、交渉が最終段階に近づいた一〇年四月になってからだった。

二〇一〇年一〇月の大筋合意文書によると全体は六章からなり、「知的財産権を執行するための法的な枠組み」「国際協力」「執行実務」「制度上の措置」などが規定されている。内容をみると「デジタル環境での知的財産権の執行」について、踏み込んだ合意がされている。それによると、コンテンツ保護技術を回避するコンピュータ・プログラムや機器、サービスが提供されることがないよう、条約締結国は国内法を整備しなければならない。さらに重要なことに、ここでいうコンテンツ保護技術には、コピー・コントロールだけでなくコンテンツの再生を許可するアクセス・コントロールも含むと書かれてある。第四章で述べたように、現在の日本の著作権法では「技術的保護手段の回避」による複製を禁じているが、それはコピー・コントロールのことであってアクセス・コントロールは含まない。

フリーソフトウェア運動を推進してきたアメリカのフリーソフトウェア財団（FSF）は、「ACTAはフリーソフトをおびやかす」と抗議声明を発表した(55)。FSFはまず、ビットトレントなどのP2Pファイル交換ソフトが取り締まりの対象になることを心配している。P2Pはコンテンツの違法配信にも使われているが、フリーソフトの合法的で強力な頒布手段にもなっているからだ。FSFはまた、リナックスなどのフリーの基本ソフトが動いているパソコンで、DVDやブルーレイに入った映画など、暗号化されたメディアを再生することができなくなるとしている。これらのメディアを再生するフリーソフトを作ることは、アクセス・コントロールの回避だとされる心配があるからだ。そしてFSFは声明文の最後を、「それ［ACTA］は監視と疑いの文化を創り出し、フリーソフトを制作するのに欠かせない自由が、創造的・革新的で興奮に

（54）ウィキリークスに流出したアメリカ公電によると、ACTA交渉の日本側の中心人物に当時の知的財産戦略推進事務局長の荒井寿光（本書九〇頁）がいたことがわかる。リーク文書の日本語訳の一例は、http://fr-toen.cocolog-nifty.com/blog/2011/02/post-71b0.html にある。

（55）http://www.fsf.org/campaigns/acta/

満ちたものではなく、危険だ、脅威だとみられることになる」と結んでいる。

日本はＡＣＴＡの提案国なので、締結後をにらんだ法改正にすばやい動きをみせている。「知的財産推進計画二〇一〇」には、アクセス・コントロールの回避を規制するよう法改正をすることが盛り込まれた。また、二〇一一年一月の文化審議会著作権分科会の報告書では、保護手段を「技術」ではなく「機能」で評価し、ＤＶＤの暗号はアクセス・コントロールとコピー・コントロールの両方の「機能」を持つので規制の対象にすべきとされた[56]。もちろん、報告書ではＡＣＴＡの大筋合意内容がしっかりと言及されている。秘密裏に交渉されてきたことが、著作権法改正の所与の条件になっている構造がはっきりとみえる。

ＡＣＴＡに限らず、貿易上の障壁を取り除く「自由貿易協定」（ＦＴＡ）や「経済連携協定」（ＥＰＡ）のような外交交渉の結果が、各国の著作権法を変える力になっている。知財の保護水準の低さがその国との交流の阻害要因とみなされ、より高い水準へと法制度がそろえられることになるからだ。アメリカはＦＴＡ・ＥＰＡ交渉によって、相手国の知財関連法の規制を強くする戦略を取ってきた。たとえば、二〇〇七年に妥結した米韓自由貿易協定によって、韓国は著作権法の保護水準をアメリカ並みに高くすることになった。

二〇一一年四月現在、日本はＥＰＡのひとつである「環太平洋戦略的経済連携協定」（ＴＰＰ）に参加するかどうかの決断を迫られている。ＴＰＰにはアメリカが参加しているので、その一員に加わるために著作権の保護期間をアメリカ並みに七〇年にする圧力が、ふたたび高まることが予想される。すでに述べたように、保護期間延長は審議会の場を越えた国民的な議論にまでなって見送られた経緯がある。その結論が外圧によってかんたんにひっくり返されることのないよう、注意を払わなければならない。

議論のために

最後に、この本の論点を整理しておこう。前提として押さえておくべきことは、著作者と著作権者はおなじではないということである。著作者の多くは著作権の一部、とりわけ複製権を注文主や企業に譲り渡している。企業などは複製権を持つことによって、著作物を使ったビジネスを展開し、多くの場合、その収益の一部を著作者に還元する。そしてときに、著作者が著作権者を訴えることも、またその逆の事態も起こる。係争によって、作品そのものの流通が封印されてしまうこともある。作品が入手できなくなって不利益を被るのは、その作品のファンであり、ファンになったかもしれない市民である。著作者と著作権者が、あたかも第三者は関係ないかのような闘争をしているのをみつけたならば、作品と接する機会を奪われた被害者として、市民は声を上げてもよいはずだ。

第一の論点は、じゅうぶんな議論を経ないで法律が作られたり変えられたりすることに、わた

（56） http://www.bunka.go.jp/chosakuken/singikai/pdf/shingi_hokokusho_2301_ver02.pdf

したちはもっと注意を払うべきだということである。とくに、受益業界が政治家に働きかけたことがあきらかな立法には、それが正当なものであるのか、その法律によって規制を受ける市民の側に事前に立法の趣旨が広く提示され、合意が形成されたものであるのかを吟味しなければならない。なぜならば、一度制定された法律は永く効力を持ち、ときには便利な道具として本来の目的を離れて使用され、言論やひとびとの行動を抑制する働きを持つことがあるからだ。

権利者らの行動をみると、「被害の過大な見積もり」「強い保護だけ横並び」「権利を主張しないと損をするかもという疑心暗鬼」というみっつの傾向が観察できる。市民の立場からすれば、権利をとにかく強くしようとしているひとびとが、これらのうちのどの行動を取っているかに留意しなくてはならない。

立法や行政の動きが、マスコミや官報によってしか市民に伝えられない時代ではない。国が市民に情報を伝えることにも、市民の意見を国が吸い上げることにも、そして市民が合意を形成することにも、さまざまな手段が使えるようになった。双方向性のある情報発信にインターネットが有効なことは、いまさらいうまでもない。ネットを使用しない市民の意見をどのようにして国政に反映させるのかも含めて、議論していく必要がある。

第二の論点は、海賊版は権利者に経済的な損失を与えるだけのものではなく、文化を異国に伝える強力なインフラとして作用し、ときにはその市場創造力によって長期的には権利者に利益をもたらすことも否定しきれないことである。ここで問題になるのは、何を最大化することに国家の目標を置くのかである。中・短期の経済的な利益の最大化が目標であるならば、著作権を強くすることが正解なのかもしれない。しかし、クール・ジャパン現象のように、日本の文化的な影響力を最大化することが目標であるならば、極端にいえば海賊版は野放しにするのがよいと、わたしは考える。海賊版は文化を伝える自発的な原動力であり、現にクール・ジャパン現象の勃興に、それは決定的な役割をはたしてきたからだ。

第三の論点は、知財保護の推進者たちは秘密の外交交渉に議論の場を移す戦略を取りはじめている。条約で決まったことだからという論法で、知財の専門家や文化人の言論を封じ、国民をコントロールすることがまかりとおる時代になろうとしている。

著作権を守れと声高なひとはたくさんいるが、法律をどうすればいいのか、みなで考えようというひとは、著作権の専門家と称するひとには少ない。法治国家である以上、国民は法律を守らなければならない。だからこそ、霞が関のどこかで偉いひとたちが作った法律にただしたがうのではなく、法律が作られ、変えられていく過程を知り、そこにより多くの市民が参画していく仕組みを構築することが大切なのだ。

あとがき

わたしの場合がそうなのだが、本を「あとがき」から読みはじめるひとは少なくないだろう。そこには、主な論点や本の成り立ち、こぼれ話などが、ときに本文よりも生き生きと書かれてあるからだ。だから、わたしの場合、たとえ本文を読む時間がなくても、「あとがき」だけは読む。そんなわけで、忙しくて本文を読んでもらえない読者のために、この本の論点をしっかりと、ここにも書いておきたい。

・日本の著作権は、どんどん厳しくなっている。
・著作権法の改正にかかわっているのは、ごく限られたひとたちである。
・厳しい著作権をむやみに外国に広げることは、文化の伝播を阻害する。
・法改正に向けての議論は、閉ざされていく傾向にある。
・市民は法改正の議論に関心を持ち、発言するべきである。

けっきょくのところ、わたしの情熱のもとは何なのだろうか。文化とは、ひとびとのあいだに共有された生活・思考・行動の様式のことだと、いまのわたしは考えている。それはすでにある何かをまねることから生まれ、他者をまねることによって広がる。文化の創成と拡散にとって、コピーは不可欠な要素なのだ。しかも文化は、ひとの生活や生き方の根幹をなすものだ。ところが、「文化産業」と呼ばれるものに属するひとたちは、文化を商品カテゴリーの一種だと思っている。彼らは文化を産業の範囲に矮小化し、ときに私欲をむき出しにして著作権をいじくり、文化の創成と拡散の根本であるコピーを妨害する。彼らの行動は、ひとびとのあいだに共有された生活・思考・行動の様式としての文化の自由な交通を破壊し、テクノロジーの進歩によって拓かれたつぎの文化の時代へと、わたしたちが進むことを妨げる。それでありながら、自己の立場を守るときには、文化を守れ、文化こそが大切だといった大上段な「文化」概念で、彼らの矮小な営みを飾り立てる。わたしは、その傲慢さに異義を申し立てたいのだと思う。

わたしは、著作権を厳しくし過ぎることには反対の立場なので、文章の端々にそれが出ているだろう。著作権擁護派のひとが読んだら、きっと激しい反感を持たれる部分もあるに違いない。中立を心がけた当り障りのない文章を書くことが、学者として「ポリティカリー・コレクト」な姿勢なのだろうと思う。しかし、「業界」をなす擁護派の力があまりに強い現実をみるにつれ、それに異を唱えなければ社会的な中庸には届かないと、いつしかわたしは思うようになった。

なかには、わたしの仕事は研究ではなくジャーナリズムだというひともいるかもしれない。確かに、脚注と参考文献の少なさをみれば、そのような意見が出る外形的な条件を、この本は備えているだろう。しかし、研究ではなくジャーナリズムだというい方ほど、研究者の世間知らずぶりがにじみ出た表現はない。ジャーナリズムで大いにけっこう。狭い殻にこもった「研究」よりもジャーナリズムのほうが、社会にはたす役割は大きい。

この本で挑戦してみたことのひとつは、議事録を「作品」とみなして、その読みの可能性を追求することだった（第4章）。国の審議会のさまざまな議事録がネット公開されるようになり、そこからどのような研究や批評の展開が可能なのか、それをじっさいに自分でやってみたということだ。方法論的には、一八世紀の英国議会議事録などを使った『〈海賊版〉の思想——一八世紀英国の永久コピーライト闘争』（みすず書房、二〇〇七年）で取ったものと同様ではあるが、いまの時代の課題にまでようやく戻って来ることができたという思いはある。

この本で個人名をあげたかたがたは、元気いっぱいに活躍中のひとたちがほとんどである。わたしが資料から読み取ることができなかったことや、アクセスできる記録にはないこと、あるいは舌足らずな点について、これらのかたがたから補足や反論、誤解の指摘などが、当然出てくるだろう。そうして著作権についての議論がより活発になれば、本書の目的はおおよそ達成できたことになる。

執筆が大詰めに差し掛かったころ、東日本大震災とそれにつづく福島の原発事故が起きた。事故の経過から、専門家と呼ばれる一群の閉鎖的な人脈に、原子力の管理を任せきりにすることの危うさが露呈した。気がついてみたら、わたしたちの社会はとんでもない基盤の上にできあがってしまっている。待てよ、生活に密接にかかわるが、難しいことなので専門家まかせにしているという意味では、原子力も著作権もおなじではないだろうか。難しくても自分で理解して意見をいい、行動できる能力をつちかわなければ、「実はこうだった」とわかったときに、うろたえることになるのはわたしたち自身だ。これは原子力にさしたる意識を持っていなかった、自分への戒めでもある。

東北地方の社会にはコミュニティへの絶対的な信頼があることが、震災をとおしていわれるようになってきた。がまんして待っていれば必ず誰かが助けてくれると信じられるから、決して略奪は起きない。ほんとうに困っているひとから金品を奪ったりはしない。限られた物資をより多く囲い込もうとせず、シェアしようとする。欧米とは違うという東北のコミュニタリズムに立脚して、これからの著作権のことなどを構想してみることも、あながち無駄なことではなかろう。それが牧歌的な共同体へのたんなるノスタルジアではなく、全人類的な普遍性のある原理を導き出すことにつながる可能性を、わたしは夢想している。

本書の大半は書下ろしであるが、すでに発表した文章に加筆して収録した部分もあるので、ここに記しておく。

・「CM作家の場所——杉山登志の死と誕生」『日本研究』第二九集、二〇〇四年の一部（第2

章）
・「ＣＭは誰のもの？　過去のＣＭが消えていく！」『放送文化』二〇〇五年春号の一部（第2章）
・「海賊版映像のディスク分析」谷川建司ほか編『拡散するサブカルチャー　個室化する欲望と癒しの現在』青弓社、二〇〇九年所収の大部分（第5章）

最後になったが、本書の執筆を勧めてくれた人文書院の松岡隆浩さんに感謝したい。松岡さんと知り合ったきっかけは、二〇一〇年四月に京都精華大学で開催された「パクリ」についてのシンポジウムだった。わたしの発表を面白がってくださり、本にしないかといってくれたのだ（そのときの発表内容が本書の第1章になっている）。本を出すことにある程度の経験を積んできたが、なかなか読者のつかない学術出版に少し物足りなさもあり、著述のスタイルをがらりと変えてみようかと迷っていた時期だった。そういうときに、人文書院というまじめでしっかりとした版元さんからお話をいただいたことは、大きな自信になった。読者をたくさんつけようなどという色気は捨てて、いままでのスタイルを活かしながら、いただいた仕事をしっかりとこなしていく決心をすることができた。もちろん、妻・和江とすっかり成長した子どもたちの、日頃の支えも大きい。

この本のカバーには、わたしが大好きな画家・福田美蘭さんの新作が使われている。ブックカバーを描いてもらえないかという、わたしからの不遜なお願いを福田さんは快くかなえてくださった。装丁の達人・間村俊一さんの手を経た素敵な装いに包まれて、この本はほんとうに幸せものだ。

学問の使命は世界にかけられた呪縛を解くことだという、マックス・ウェーバーのことばを胸に、流れに棹ささず、これからも社会的な通念を疑いつづけていきたいものだと思う。

山田　奨治

二〇一一年六月

付録

著作権法（抜粋）
昭和四十五年五月六日法律第四十八号
改正　平成二十一年七月十日同第七十三号

（目的）
第一条　この法律は、著作物並びに実演、レコード、放送及び有線放送に関し著作者の権利及びこれに隣接する権利を定め、これらの文化的所産の公正な利用に留意しつつ、著作者等の権利の保護を図り、もつて文化の発展に寄与することを目的とする。

（定義）
第二条　この法律において、次の各号に掲げる用語の意義は、当該各号に定めるところによる。
一　著作物　思想又は感情を創作的に表現したものであつて、文芸、学術、美術又は音楽の範囲に属するものをいう。
二　著作者　著作物を創作する者をいう。
七の二　公衆送信　公衆によつて直接受信されることを目的として無線通信又は有線電気通信の送信（電気通信設備で、その一の部分の設置の場所が他の部分の設置の場所と同一の構内（その構内が二以上の者の占有に属している場合には、同一の者の占有に属する区域内）にあるものによる送信（プログラムの著作物の送信を除く。）を除く。）を行うことをいう。
九の四　自動公衆送信　公衆送信のうち、公衆からの求めに応じ自動的に行うもの（放送又は有線放送に該当するものを除く。）をいう。
九の五　送信可能化　次のいずれかに掲げる行為により自動公衆送信し得るようにすることをいう。
イ　公衆の用に供されている電気通信回線に接続している自動公衆送信装置（公衆の用に供する電気通信回線に接続することにより、その記録媒体のうち自動公衆送信の用に供する部分（以下この号及び第四十七条の五第一項第一号において「公衆送信用記録媒体」という。）に記録され、又は当該装置に入力される情報を自動公衆送信する機能を有する装置をいう。以下同じ。）の公衆送信用記録媒体に情報を記録し、情報が記録された記録媒体を当該自動公衆送信装置の公衆送信用記録媒体として加え、若しくは情報が記録された記録媒体を当該自動公衆送信装置の公衆送信用記録媒体に変換し、又は当該自動公衆送信装置に情報を入力すること。

ロ　その公衆送信用記録媒体に情報が記録され、又は当該自動公衆送信装置に情報が入力されている自動公衆送信装置について、公衆の用に供されている電気通信回線への接続（配線、自動公衆送信装置の始動、送受信用プログラムの起動その他の一連の行為により行われる場合には、当該一連の行為のうち最後のものをいう。）を行うこと。

二十　技術的保護手段　電子的方法、磁気的方法その他の人の知覚によつて認識することができない方法（次号において「電磁的方法」という。）により、第十七条第一項に規定する著作者人格権若しくは著作権又は第八十九条第一項に規定する実演家人格権若しくは同条第六項に規定する著作隣接権（以下この号において「著作権等」という。）を侵害する行為の防止又は抑止（著作権等を侵害する行為の結果に著しい障害を生じさせることによる当該行為の抑止をいう。第三十条第一項第二号において同じ。）をする手段（著作権等を有する者の意思に基づくことなく用いられているものを除く。）であつて、著作物、実演、レコード、放送又は有線放送（次号において「著作物等」という。）の利用（著作者又は実演家の同意を得ないで行つたとしたならば著作者人格権又は実演家人格権の侵害となるべき行為を含む。）に際しこれに用いられる機器が特定の反応をする信号を著作物、実演、レコード又は放送若しくは有線放送に係る音若しくは影像とともに記録媒体に記録し、又は送信する方式によるものをいう。

（著作物の例示）

第十条　この法律にいう著作物を例示すると、おおむね次のとおりである。
一　小説、脚本、論文、講演その他の言語の著作物
二　音楽の著作物
三　舞踊又は無言劇の著作物
四　絵画、版画、彫刻その他の美術の著作物
五　建築の著作物
六　地図又は学術的な性質を有する図面、図表、模型その他の図形の著作物
七　映画の著作物
八　写真の著作物
九　プログラムの著作物

（二次的著作物）
第十一条　二次的著作物に対するこの法律による保護は、その原著作物の著作者の権利に影響を及ぼさない。

（編集著作物）
第十二条　編集物（データベースに該当するものを除く。以下同じ。）でその素材の選択又は配列によつて創作性を有するものは、著作物として保護する。

（データベースの著作物）
第十二条の二　データベースでその情報の選択又は体系的な構成によつて創作性を有するものは、著作物として保護する。

（映画の著作物の著作者）
第十六条　映画の著作物の著作者は、その映画の著作物において翻案され、又は複製された小説、脚本、音楽その他の著作物の著作者を除き、制作、監督、演出、撮影、美術等を担当してその映画の著作物の全体的形成に創作的に寄与した者とする。ただし、前条の規定の適用がある場合は、この限りでない。

（公表権）
第十八条　著作者は、その著作物でまだ公表されていないもの（その同意を得ないで公表された著作物を含む。以下この条において同じ。）を公衆に提供

し、又は提示する権利を有する。当該著作物を原著作物とする二次的著作物についても、同様とする。

(氏名表示権)

第十九条　著作者は、その著作物の原作品に、又はその著作物の公衆への提供若しくは提示に際し、その実名若しくは変名を著作者名として表示し、又は著作者名を表示しないこととする権利を有する。その著作物を原著作物とする二次的著作物の公衆への提供又は提示に際しての原著作物の著作者名の表示についても、同様とする。

(同一性保持権)

第二十条　著作者は、その著作物及びその題号の同一性を保持する権利を有し、その意に反してこれらの変更、切除その他の改変を受けないものとする。

(複製権)

第二十一条　著作者は、その著作物を複製する権利を専有する。

(上演権及び演奏権)

第二十二条　著作者は、その著作物を、公衆に直接見せ又は聞かせることを目的として(以下「公に」という。)上演し、又は演奏する権利を専有する。

(上映権)

第二十二条の二　著作者は、その著作物を公に上映する権利を専有する。

(公衆送信権等)

第二十三条　著作者は、その著作物について、公衆送信(自動公衆送信の場合にあつては、送信可能化を含む。)を行う権利を専有する。

2　著作者は、公衆送信されるその著作物を受信装置を用いて公に伝達する権利を専有する。

(口述権)

第二十四条　著作者は、その言語の著作物を公に口述する権利を専有する。

（展示権）
第二十五条　著作者は、その美術の著作物又はまだ発行されていない写真の著作物をこれらの原作品により公に展示する権利を専有する。
（頒布権）
第二十六条　著作者は、その映画の著作物をその複製物により頒布する権利を専有する。
2　著作者は、映画の著作物において複製されているその著作物を当該映画の著作物の複製物により頒布する権利を専有する。
（譲渡権）
第二十六条の二　著作者は、その著作物（映画の著作物を除く。以下この条において同じ。）をその原作品又は複製物（映画の著作物において複製されている著作物にあつては、当該映画の著作物の複製物を除く。以下この条において同じ。）の譲渡により公衆に提供する権利を専有する。
（貸与権）
第二十六条の三　著作者は、その著作物（映画の著作物を除く。）をその複製物（映画の著作物において複製されている著作物にあつては、当該映画の著作物の複製物を除く。）の貸与により公衆に提供する権利を専有する。
（翻訳権、翻案権等）
第二十七条　著作者は、その著作物を翻訳し、編曲し、若しくは変形し、又は脚色し、映画化し、その他翻案する権利を専有する。
（二次的著作物の利用に関する原著作者の権利）
第二十八条　二次的著作物の原著作物の著作者は、当該二次的著作物の利用に関し、この款に規定する権利で当該二次的著作物の著作者が有するものと同一の種類の権利を専有する。
第二十九条　映画の著作物（第十五条第一項、次項又は第三項の規定の適用を受けるものを除く。）の著作権は、その著作者が映画製作者に対し当該映画の著作物の製作に参加することを約束しているときは、当該映画製作者に帰属する。

（私的使用のための複製）

第三十条　著作権の目的となつている著作物（以下この款において単に「著作物」という。）は、個人的に又は家庭内その他これに準ずる限られた範囲内において使用すること（以下「私的使用」という。）を目的とするときは、次に掲げる場合を除き、その使用する者が複製することができる。

一　公衆の使用に供することを目的として設置されている自動複製機器（複製の機能を有し、これに関する装置の全部又は主要な部分が自動化されている機器をいう。）を用いて複製する場合

二　技術的保護手段の回避（技術的保護手段に用いられている信号の除去又は改変（記録又は送信の方式の変換に伴う技術的な制約による除去又は改変を除く。）を行うことにより、当該技術的保護手段によつて防止される行為を可能とし、又は当該技術的保護手段によつて抑止される行為の結果に障害を生じないようにすることをいう。第百二十条の二第一号及び第二号において同じ。）により可能となり、又はその結果に障害が生じないようになつた複製を、その事実を知りながら行う場合

三　著作権を侵害する自動公衆送信（国外で行われる自動公衆送信であつて、国内で行われたとしたならば著作権の侵害となるべきものを含む。）を受信して行うデジタル方式の録音又は録画を、その事実を知りながら行う場合

2　私的使用を目的として、デジタル方式の録音又は録画の機能を有する機器（放送の業務のための特別の性能その他の私的使用に通常供されない特別の性能を有するもの及び録音機能付きの電話機その他の本来の機能に附属する機能として録音又は録画の機能を有するものを除く。）であつて政令で定めるものにより、当該機器によるデジタル方式の録音又は録画の用に供され

る記録媒体であつて政令で定めるものに録音又は録画を行う者は、相当な額の補償金を著作権者に支払わなければならない。

（図書館等における複製）

第三十一条　国立国会図書館及び図書、記録その他の資料を公衆の利用に供することを目的とする図書館その他の施設で政令で定めるもの（以下この項において「図書館等」という。）においては、次に掲げる場合には、その営利を目的としない事業として、図書館等の図書、記録その他の資料（以下この条において「図書館資料」という。）を用いて著作物を複製することができる。

一　図書館等の利用者の求めに応じ、その調査研究の用に供するために、公表された著作物の一部分（発行後相当期間を経過した定期刊行物に掲載された個々の著作物にあつては、その全部）の複製物を一人につき一部提供する場合

二　図書館資料の保存のため必要がある場合

三　他の図書館等の求めに応じ、絶版その他これに準ずる理由により一般に入手することが困難な図書館資料の複製物を提供する場合

（引用）

第三十二条　公表された著作物は、引用して利用することができる。この場合において、その引用は、公正な慣行に合致するものであり、かつ、報道、批評、研究その他の引用の目的上正当な範囲内で行なわれるものでなければならない。

（教科用図書等への掲載）

第三十三条　公表された著作物は、学校教育の目的上必要と認められる限度において、教科用図書（小学校、中学校、高等学校又は中等教育学校その他これらに準ずる学校における教育の用に供される児童用又は生徒用の図書であつて、文部科学大臣の検定を経たもの又は文部科学省が著作の名義を有するものをいう。以下同じ。）に掲載することができる。

（試験問題としての複製等）

第三十六条　公表された著作物については、入学試験その他人の学識技能に関する試験又は検定の目的上必要と認められる限度において、当該試験又は検定の問題として複製し、又は公衆送信（放送又は有線放送を除き、自動公衆送信の場合にあつては送信可能化を含む。次項において同じ。）を行うことができる。ただし、当該著作物の種類及び用途並びに当該公衆送信の態様に照らし著作権者の利益を不当に害することとなる場合は、この限りでない。

（営利を目的としない上演等）
第三十八条　公表された著作物は、営利を目的とせず、かつ、聴衆又は観衆から料金（いずれの名義をもつてするかを問わず、著作物の提供又は提示につき受ける対価をいう。以下この条において同じ。）を受けない場合には、公に上演し、演奏し、上映し、又は口述することができる。ただし、当該上演、演奏、上映又は口述について実演家又は口述を行う者に対し報酬が支払われる場合は、この限りでない。

（保護期間の原則）
第五十一条　著作権の存続期間は、著作物の創作の時に始まる。
2　著作権は、この節に別段の定めがある場合を除き、著作者の死後（共同著作物にあつては、最終に死亡した著作者の死後。次条第一項において同じ。）五十年を経過するまでの間、存続する。

（無名又は変名の著作物の保護期間）
第五十二条　無名又は変名の著作物の著作権は、その著作物の公表後五十年を経過するまでの間、存続する。ただし、その存続期間の満了前にその著作者の死後五十年を経過していると認められる無名又は変名の著作物の著作権は、その著作者の死後五十年を経過したと認められる時において、消滅したものとする。

（団体名義の著作物の保護期間）
第五十三条　法人その他の団体が著作の名義を有す

る著作物の著作権は、その著作物の公表後五十年（その著作物がその創作後五十年以内に公表されなかつたときは、その創作後五十年）を経過するまでの間、存続する。

（映画の著作物の保護期間）

第五十四条　映画の著作物の著作権は、その著作物の公表後七十年（その著作物がその創作後七十年以内に公表されなかつたときは、その創作後七十年）を経過するまでの間、存続する。

2　映画の著作物の著作権がその存続期間の満了により消滅したときは、当該映画の著作物の利用に関するその原著作物の著作権は、当該映画の著作物の著作権とともに消滅したものとする。

2　前二条の規定は、映画の著作物の著作権については、適用しない。

（保護期間の計算方法）

第五十七条　第五十一条第二項、第五十二条第一項、第五十三条第一項又は第五十四条第一項の場合において、著作者の死後五十年、著作物の公表後五十年若しくは創作後五十年又は著作物の公表後七十年若しくは創作後七十年の期間の終期を計算するときは、著作者が死亡した日又は著作物が公表され若しくは創作された日のそれぞれ属する年の翌年から起算する。

（私的録音録画補償金を受ける権利の行使）

第百四条の二　第三十条第二項（第百二条第一項において準用する場合を含む。以下この章において同じ。）の補償金（以下この章において「私的録音録画補償金」という。）を受ける権利は、私的録音録画補償金を受ける権利を有する者（以下この章において「権利者」という。）のためにその権利を行使することを目的とする団体であつて、次に掲げる私的録音録画補償金の区分ごとに全国を通じて一個に限りその同意を得て文化庁長官が指定するもの（以下この章において「指定管理団体」という。）があるときは、それぞれ当該指定管理団体によつてのみ行使することができる。

一　私的使用を目的として行われる録音（専ら録画とともに行われるものを除く。以下この章において「私的録音」という。）に係る私的録音録画補償金

二　私的使用を目的として行われる録画（専ら録音とともに行われるものを含む。以下この章において「私的録画」という。）に係る私的録音録画補償金

2　前項の規定による指定がされた場合には、指定管理団体は、権利者のために自己の名をもつて私的録音録画補償金を受ける権利に関する裁判上又は裁判外の行為を行う権限を有する。

（製造業者等の協力義務）

第百四条の五　前条第一項の規定により指定管理団体が私的録音録画補償金の支払を請求する場合には、特定機器又は特定記録媒体の製造又は輸入を業とする者（次条第三項において「製造業者等」という。）は、当該私的録音録画補償金の支払の請求及びその受領に関し協力しなければならない。

（著作権等の保護に関する事業等のための支出）

第百四条の八　指定管理団体は、私的録音録画補償金（第百四条の四第一項の規定に基づき支払を受けるものに限る。）の額の二割以内で政令で定める割合に相当する額を、著作権及び著作隣接権の保護に関する事業並びに著作物の創作の振興及び普及に資する事業のために支出しなければならない。

（政令への委任）

第百四条の十　この章に規定するもののほか、指定管理団体及び補償金関係業務に関し必要な事項は、政令で定める。

（損害の額の推定等）

第百十四条　著作権者、出版権者又は著作隣接権者（以下この項において「著作権者等」という。）が故意又は過失により自己の著作権、出版権又は著作隣接権を侵害した者に対しその侵害により自己が受けた損害の賠償を請求する場合において、その者がその侵害の行為によつて作成された物を譲渡し、又は

その侵害の行為を組成する公衆送信（自動公衆送信の場合にあつては、送信可能化を含む。）を行つたときは、その譲渡した物の数量又はその公衆送信が公衆によつて受信されることにより作成された著作物若しくは実演等の複製物（以下この項において「受信複製物」という。）の数量（以下この項において「譲渡等数量」という。）に、著作権者等がその侵害の行為がなければ販売することができた物（受信複製物を含む。）の単位数量当たりの利益の額を乗じて得た額を、著作権者等の当該物に係る販売その他の行為を行う能力に応じた額を超えない限度において、著作権者等が受けた損害の額とすることができる。ただし、譲渡等数量の全部又は一部に相当する数量を著作権者等が販売することができないとする事情があるときは、当該事情に相当する数量に応じた額を控除するものとする。

（具体的態様の明示義務）

第百十四条の二　著作者人格権、著作権、出版権、実演家人格権又は著作隣接権の侵害に係る訴訟において、著作者、著作権者、出版権者、実演家又は著作隣接権者が侵害の行為を組成したもの又は侵害の行為によつて作成されたものとして主張する物の具体的態様を否認するときは、相手方は、自己の行為の具体的態様を明らかにしなければならない。ただし、相手方において明らかにすることができない相当の理由があるときは、この限りでない。

第百十九条　著作権、出版権又は著作隣接権を侵害した者（第三十条第一項（第百二条第一項において準用する場合を含む。）に定める私的使用の目的をもつて自ら著作物若しくは実演等の複製を行つた者、第百十三条第三項の規定により著作権若しくは著作隣接権（同条第四項の規定により著作隣接権とみなされる権利を含む。第百二十条の二第三号において同じ。）を侵害する行為とみなされる行為を行つた者、第百十三条第五項の規定により著作権若しくは著作隣接権を侵害する行為とみなされる行為を行つた者又は次項第三号若しくは第四号に掲げる者を除く。）は、十年以下の懲役若しくは千万円以下の罰金に処し、又はこれを併科する。
2　次の各号のいずれかに該当する者は、五年以下の懲役若しくは五百万円以下の罰金に処し、又はこれを併科する。
一　著作者人格権又は実演家人格権を侵害した者（第百十三条第三項の規定により著作者人格権又は実演家人格権を侵害する行為とみなされる行為を行つた者を除く。）
二　営利を目的として、第三十条第一項第一号に規定する自動複製機器を著作権、出版権又は著作隣接権の侵害となる著作物又は実演等の複製に使用させた者
三　第百十三条第一項の規定により著作権、出版権又は著作隣接権を侵害する行為とみなされる行為を行つた者
四　第百十三条第二項の規定により著作権を侵害する行為とみなされる行為を行つた者
第百二十条　第六十条又は第百一条の三の規定に違反した者は、五百万円以下の罰金に処する。
第百二十条の二　次の各号のいずれかに該当する者は、三年以下の懲役若しくは三百万円以下の罰金に処し、又はこれを併科する。
一　技術的保護手段の回避を行うことを専らその機能とする装置（当該装置の部品一式であつて容易に組み立てることができるものを含む。）若しくは技術的保護手段の回避を行うことを専らその機能とするプログラムの複製物を公衆に譲渡し、若しくは貸与し、公衆への譲渡若しくは貸与の目的をもつて製造し、輸入し、若しくは所持し、若しくは公衆の使用に供し、又は当該プログラムを公衆送信し、若しくは送信可能化した者
二　業として公衆からの求めに応じて技術的保護手段の回避を行つた者
三　営利を目的として、第百十三条第三項の規定により著作者人格権、著作権、実演家人格権又は著作隣接権を侵害する行為とみなされる行為を行つた者
四　営利を目的として、第百十三条第五項の規定

により著作権又は著作隣接権を侵害する行為とみなされる行為を行つた者

第百二十四条　法人の代表者（法人格を有しない社団又は財団の管理人を含む。）又は法人若しくは人の代理人、使用人その他の従業者が、その法人又は人の業務に関し、次の各号に掲げる規定の違反行為をしたときは、行為者を罰するほか、その法人に対して当該各号に定める罰金刑を、その人に対して各本条の罰金刑を科する。
一　第百十九条第一項若しくは第二項第三号若しくは第四号又は第百二十二条の二第一項　三億円以下の罰金刑
二　第百十九条第二項第一号若しくは第二号又は第百二十条から第百二十二条まで　各本条の罰金刑

映画の盗撮の防止に関する法律
平成十九年五月三十日法律第六十五号

（目的）
第一条　この法律は、映画館等における映画の盗撮により、映画の複製物が作成され、これが多数流通して映画産業に多大な被害が発生していることにかんがみ、映画の盗撮を防止するために必要な事項を定め、もって映画文化の振興及び映画産業の健全な発展に寄与することを目的とする。

（定義）
第二条　この法律において、次の各号に掲げる用語の意義は、それぞれ当該各号に定めるところによる。
一　上映　著作権法（昭和四十五年法律第四十八号）第二条第一項第十七号に規定する上映をいう。
二　映画館等　映画館その他不特定又は多数の者に対して映画の上映を行う会場であって当該映画の上映を主催する者によりその入場が管理されているものをいう。
三　映画の盗撮　映画館等において観衆から料金を受けて上映が行われる映画（映画館等にお

る観衆から料金を受けて行われる上映に先立って観衆から料金を受けずに上映が行われるものを含み、著作権の目的となっているものに限る。以下単に「映画」という。）について、当該映画の影像の録画（著作権法第二条第一項第十四号に規定する録画をいう。）又は音声の録音（同項第十三号に規定する録音をいう。）をすること（当該映画の著作権者の許諾を得てする場合を除く。）をいう。

（映画産業の関係事業者による映画の盗撮の防止）

第三条　映画館等において映画の上映を主催する者その他映画産業の関係事業者は、映画の盗撮を防止するための措置を講ずるよう努めなければならない。

（映画の盗撮に関する著作権法の特例）

第四条　映画の盗撮については、著作権法第三十条第一項の規定は、適用せず、映画の盗撮を行った者に対する同法第百十九条第一項の規定の適用については、同項中「第三十条第一項（第百二条第一項において準用する場合を含む。）に定める私的使用の目的をもつて自ら著作物若しくは実演等の複製を行つた者、第百十三条第三項」とあるのは、「第百十三条第三項」とする。

２　前項の規定は、最初に日本国内の映画館等において観衆から料金を受けて上映が行われた日から起算して八月を経過した映画に係る映画の盗撮については、適用しない。

ま 行

や 行

ら 行

英字略称

た　行

事項索引

あ 行

か 行

さ 行

人名索引

著者略歴

山田奨治（やまだ・しょうじ）

1963年生。現在，国際日本文化研究センター教授，総合研究大学院大学教授。京都大学博士（工学）。専門は情報学，文化交流史。筑波大学大学院修士課程医科学研究科修了後，（株）日本アイ・ビー・エム，筑波技術短期大学助手などを経て現職。著書に，『日本文化の模倣と創造』（角川書店），『情報のみかた』（弘文堂），『禅という名の日本丸』（弘文堂），『〈海賊版〉の思想』（みすず書房）など。編著に，『模倣と創造のダイナミズム』（勉誠出版），『文化としてのテレビ・コマーシャル』（世界思想社），『コモンズと文化』（東京堂出版）など。

ISBN 978-4-409-24092-2 C1036

日本の著作権はなぜこんなに厳しいのか

二〇一一年九月二〇日　初版第一刷発行
二〇一二年九月二〇日　初版第五刷発行

著　者　山田奨治
発行者　渡辺博史
発行所　人文書院
〒六一二-八四四七
京都市伏見区竹田西内畑町九
電話〇七五・六〇三・一三四四
振替〇一〇〇〇-八-一一〇三

印刷所　創栄図書印刷株式会社
製本所　坂井製本所
装　画　福田美蘭
装　丁　間村俊一

落丁・乱丁本は小社送料負担にてお取替いたします